AF103253

www.ingramcontent.com/pod-product-compliance
Lightning Source LLC
LaVergne TN
LVHW010329070526
838199LV00065B/5699
9789358725476

احمقوں کی انجمن

(ڈرامے)

سراج انور

© Siraj Anwar

AhmaqoN ki Anjuman *(Dramas)*

by: Siraj Anwar

Edition: February '2025

Publisher :

Taemeer Publications LLC (Michigan, USA / Hyderabad, India)

ISBN 978-93-5872-547-6

مصنف یاناشر کی پیشگی اجازت کے بغیر اس کتاب کا کوئی بھی حصہ کسی بھی شکل میں بشمول ویب سائٹ پر اَپ لوڈنگ کے لیے استعمال نہ کیا جائے۔ نیز اس کتاب پر کسی بھی قسم کے تنازع کو نمٹانے کا اختیار صرف حیدرآباد (تلنگانہ) کی عدلیہ کو ہو گا۔

© سراج انور

کتاب	:	**احمقوں کی انجمن** (ڈرامے)
مصنف	:	**سراج انور**
صنف	:	ڈراما
ناشر	:	تعمیر پبلی کیشنز (حیدرآباد، انڈیا)
سالِ اشاعت	:	۲۰۲۵ء
صفحات	:	۱۶۴
سرورق ڈیزائن	:	تعمیر ویب ڈیزائن

فہرست

.	عرض مصنف	6
(۱)	کوئی بات نہیں	9
(۲)	خوب ملے یار ہمارے	34
(۳)	شادی کا امیدوار	63
(۴)	ایک دن کا سلطان	91
(۵)	احمقوں کی انجمن	138

عرضِ مصنّف

اردو ڈراموں کے باوا آدم آغا حشر کاشمیری کے بعد، ڈرامہ نگاروں کے نام محض انگلیوں پر ہی گنے جا سکتے ہیں۔ بیشتر ادیبوں نے اس صنف میں طبع آزمائی کی ہے مگر وہ بات کہاں مولوی مدن کی سی! میں نے جب ہوش سنبھالا تو پارسی تھیٹروں میں آغا حشر کے ڈراموں کو ہی اسٹیج کی زینت بنتے پایا۔ اس دور کے ڈرامے مقفّا و منظوم عبارت میں ہوا کرتے تھے اور مشکل ترین اردو ہی ان کا وسیلۂ اظہار تھی۔ بیشتر مکالمے سمجھ میں ہی نہ آتے تھے۔ شعور پختہ نہ تھا، اسلئے ڈرامہ اچھا تو لگتا تھا لیکن فہم و ادراک اور دل کی گہرائیوں کو نہیں چھوتا تھا۔

آغا حشر کے بعد چند شاعر اس طرف متوجہ ہوئے اور انہوں نے اپنے اسلاف کی بخشی ہوئی اس شمع ادب کو تابندہ و روشن رکھنے کی بھرپور کوششیں کیں اور اس میں کوئی شک نہیں کہ وہ ایک حد تک کامیاب بھی رہے۔ ایک حد تک اس لئے کہ انہوں نے اسٹیج ڈراموں کو ایسے لکھا کہ ان کی حیثیت محض سماجی و تعمیری ہو کر رہ گئی لیکن مزاح کا فقدان ہو گیا۔ ان ڈرامہ نگاروں میں، خواجہ محمد شفیع دہلوی، انصار ناصری، راجندر سنگھ بیدی، کرتار سنگھ دُگل، سعادت حسن منٹو، کرشن چندر، میرزا ادیب، اوپیندر ناتھ اشک، ریوتی سرن شرما، اظہر افسر اور ڈاکٹر محمد حسن وغیرہ اہم ہیں۔ ان حضرات نے اسٹیج ڈراموں میں کافی تبدیلیاں کیں۔ انہیں آسان اردو میں تحریر کیا۔ چونکہ اسٹیج ڈراما، بدلتے ہوئے وقت، حالات، ماحول اور سینما سے بیحد متاثر ہوا تھا، لہٰذا اُس کی بے قدری بڑھتی گئی اور عدم توجہی کے باعث ایسے طویل ڈرامے طاقِ نسیاں ہو کر رہ گئے۔ ریڈیو کی ایجاد نے ڈرامہ نگاروں کو اس طرف متوجہ کیا۔ ڈراما آنکھوں سے دیکھنے کی بجائے سننے کی چیز بن گیا اور بیحد پسند کیا جانے لگا۔

حکومت کی جانب سے جب ایسے ڈراما نگاروں کی پذیرائی ہوئی تو قدرتی طور پر

اسٹیج ڈرامے کو چھوڑ کر ریڈیو ڈرامے کی طرف متوجہ ہو گئے۔ اسٹیج ڈرامے کے مقابلے میں ریڈیو ڈراما لکھنا تھوڑا مشکل تو ضرور ثابت ہوا، لیکن صوتی اثرات اور طربیہ و المیہ موسیقی کے اشتراک سے ایسے ڈرامے سامعین میں مقبول ہوتے چلے گئے۔ انہیں یوں محسوس ہونے لگا گویا وہ اپنی چشم تصور سے اسٹیج پر متحرک کرداروں کو دیکھ بھی رہے ہیں اور انہیں سن بھی رہے ہیں۔ چنانچہ گھر میں بیٹھ کر، وقت ضائع کیے بغیر، مقررہ معیاد کا ڈراما سننے والوں کی ایک کثیر تعداد پیدا ہو گئی۔ یہ تعداد آج بھی روز افزوں ہے۔

میں نے ریڈیو ڈراما لکھنے کا آغاز 1945ء سے کیا۔ اُس وقت میں دہلی پالی ٹیکنیک میں آٹھویں جماعت کا طالب علم تھا۔ میرے استادِ محترم سید وقار عظیم صاحب نے مجھے ڈرامہ لکھنے کے لئے اُکسایا اور تب ہی سے میرے ڈرامے دلّی سے بچّوں کے پروگرام میں نشر ہونے لگے۔ جب اپنے لکھے ہوئے ڈرامے ریڈیو سے سُنے تو مزید لکھنے کی خواہش پیدا ہوئی۔ تب سے لے کر اب تک میں کئی سو ڈرامے لکھ چکا ہوں۔ بچّوں، عورتوں اور بڑوں کے لئے۔ یہ مشقت آج تک جاری ہے دلّی کی کرخنداری زبان میں لکھی ہوئی میری ایک ڈراما سیریز "خلیفہ شدّو" بیحد مقبول ہوئی۔ اِس سیریز کے تحت لکھے گئے اَن گنت ڈرامے اب بھی متواتر نشر ہوتے رہتے ہیں۔ (یہ ڈرامے ایک علاحدہ کتاب میں شائع ہوں گے) اِن کے علاوہ طربیہ، المیہ اور سماجی و تاریخی ڈراموں کا ایک انبار ہے جو میری فائلوں میں دبا پڑا ہے

اسٹیج ڈرامے ہمارے بزرگوں کا ورثہ ہے جو امانتاً ہمارے پاس تحریر کی صورت میں موجود ہے۔ لیکن ریڈیو ڈرامے، جو سامعین ایک کان سے سُن کر دوسرے کان سے نکال دیتے ہیں۔ کسی بھی طرح محفوظ نہ ہو سکے۔ جو ڈراما میں نے تحریر کیا وہ ریڈیو کے ذریعہ ہوا میں تحلیل ہو گیا۔ چنانچہ عمدہ مزاحیہ ڈراموں کی کمی کو محسوس کرتے ہوئے، میرے لئے یہ ضروری ہو گیا کہ اپنے چند منتخب مزاحیہ ڈرامے بصورت تحریر لاؤں اور ان

میں محفوظ کر دوں۔ یہ ڈرامے ریڈیو سے بار بار نشر ہو چکے ہیں۔ تھوڑی سی ترمیم کے بعد انہیں اسٹیج پر بھی پیش کیا جا سکتا ہے۔ آل انڈیا ریڈیو کے مرکزی ڈراما سیکشن اردو سروس اور نیشنل ڈیژن کے لئے لکھے گئے مزاحیہ ڈرامے اس مجموعہ میں شامل ہیں۔

تاریخی ڈراموں میں سے صرف ایک ڈراما میں نے اس مجموعے میں شامل کیا ہے، ایک دن کا سلطان! — یہ شہنشاہ ہمایوں کے دور کا ایک کاسٹیوم ڈراما ہے جو نظام سقّے کے دورِ حکومت کو نمایاں کرتا ہے اور دلّی کی کرخنداری زبان میں لکھا گیا ہے اور آل انڈیا ریڈیو اردو سروس سے بھی بار بار نشر ہو چکا ہے۔ ان سبھی ڈراموں کو آسانی سے اسٹیج پر پیش کیا جا سکتا ہے۔ ایک قابل ہدایت کار کیلئے ضروری ہے کہ وہ پہلے ڈرامے کو پڑھ کر اُسکے نفسِ مضمون، گہرائی، ماحول اور دور کا دقیق تجزیہ کرے۔ پھر صوتی اثرات، دروازہ کھلنے کی آواز، مائیک سے دور یا قریب والی تیکنیک اُسکی سمجھ میں آسانی سے آجائے گی اور اس کے لئے ریڈیو ڈرامے کو اسٹیج ڈرامے میں تبدیل کرنا زیادہ مشکل نہ رہے گا

اگر ان ڈراموں کو پڑھ کر آپ کے ہونٹوں پر تبسّم کی ایک ہلکی سی لہر بھی دوڑ گئی تو میں سمجھوں گا کہ مجھے میری محنت کا صلہ مل گیا۔ کیونکہ آج کی دوزخ نما دُنیا میں کروڑوں سسکتے بلکتے غمزدہ انسان بس رہے ہیں۔ اُن کو مسکراتے دیکھنا ہی میری سب سے بڑی آرزو ہے!

سراج انور

ایشیا فوٹو اسٹوڈیوز۔ اردو بازار، دہلی ۶

کوئی بات نہیں

کردار : حکیم صاحب (ساٹھ سالہ بزرگ)، منشی منقّیٰ عطار، بیدل (شعر ترنّم سے پڑھنے کا عادی) و جمال۔ عورت نمبر ۱ : عورت نمبر ۲ : اسلم : سلیم

[چند لوگوں اور عورتوں کا شور جو کراہ رہے ہیں اور ہائے ہائے کر رہے ہیں]

عورت نمبر ۱ : ہائے ــــ ہائے! ارے بھئی آخر کب آئیں گے حکیم صاحب۔ یہاں تو جان پہ بنی ہوئی ہے ــــ ہائے

منشی منقّیٰ : دیکھئے، ذرا سوچئے سمجھئے اور غور کیجئے، آخر اتنی گھبراہٹ کیوں ہے۔ آتے ہیں آتے ہیں۔

عورت : گھبراہٹ ہی کا تو مرض ہے بھیّا۔ اختلاجِ قلب کی مریضہ ہوں۔ ہائے۔ ہائے۔

منشی : ٹھیک ہے ٹھیک ہے۔ مگر اتنی گھبراہٹ ظاہر کر کے تو آپ مجھے بھی دل کا مریض بنا دیں گی ــــ سوچئے سمجھئے غور کیجئے۔

عورت : سوچ بھی لیا سمجھ بھی لیا اور غور بھی کر لیا۔ تبھی تو کہہ رہی ہوں کہ حکیم صاحب کو جلدی بلا لیجئے۔

جمال : اماں ہاں یار منشی منقّیٰ ــــ بلواؤ نا انہیں۔

منشی : (جھلا کر) ارے بھائی وہ زنان خانے میں ہیں ـــ سمجھے۔

جمال : تو وہاں سے مرد بن کر کب برآمد ہوں گے؟

سلیم : میرا نسخہ جلدی بنوا دو منشی جی ـــ پیٹ کے درد کی وجہ سے دم نکلا جا رہا ہے۔

منشی : (سمجھاتے ہوئے) دیکھیے، سوچیے سمجھیے اور غور کیجیے کہ حکیم صاحب ابھی تک زنان خانے ہی میں ہیں اور بس آنے ہی والے ہیں۔

اسلم : (تھوڑی ناراضی سے) کہیں ایسا نہ ہو کہ میرے سر کے سارے بال سفید ہو جائیں تب آئیں وہ۔

منشی : فکر مت کرو بھیا، حکیم صاحب کے پاس بہت عمدہ خضاب بھی ہے۔ وہ بالوں کو ہی نہیں کھال کو بھی کالا کر دیتا ہے۔

سلیم : (درد ہو رہا ہے) ہائے ـــ ہائے۔ مر گیا حکیم صاحب ـــ ہائے۔

جمال : یار منشی منقی ـــ بخدا تکلیف کی وجہ سے چہرہ عناب ہوا جا رہا ہے۔

منشی : (ناراضی سے) دیکھیے زرا زبان سنبھال کے جناب۔ آپ سبھی لوگ مجھے بار بار منشی منقی کہہ رہے ہیں ـــ سوچیے سمجھیے اور غور کیجیے کہ بھلا کیا میں آپ کو منقی نظر آتا ہوں۔

جمال: اب کیا عرض کروں منشی جی۔ آپ نے منقیٰ دیکھا ہے ـــ بالکل کالے رنگ کا اور جس کے اوپر لاتعداد جھریاں پڑی ہوتی ہیں۔ بخدا آپ اگر آئینے میں اپنا چہرہ ملاحظہ فرمائیں تو سر مو فرق نہ پائیں۔

منشی : لاحول ولا قوۃ ـــ میاں آپ مریض ہیں کہ مسخرے جو بار بار....

خورشید: (گھبرا کر) مر گئی ـــ ہائے مر گئی ـــ بلاؤ حکیم صاحب کو۔ میرا دم نکلا جا رہا ہے۔

منشی : صبر کرو ـــ صبر کرو۔ وہ آنے ہی والے ہیں ـــ بس ابھی آتے ہیں

[حکیم صاحب کھانستے ہوئے سنائی دیتے ہیں]

عورت ۱: ہائے بھیا۔ اِس ابھی ابھی میں میرا تو سانس ہی سینے میں گھُٹ کر رہ جائے گا۔

منشی: (بلند لہجہ) تشریف لے آیئے حکیم صاحب۔ ایک محترمہ اللہ کو پیاری ہونے کا ارادہ کر رہی ہیں۔

حکیم: (مائیک سے دور) کوئی بات نہیں۔ کوئی بات نہیں۔ میں آ رہا ہوں ابھی ایک منٹ میں آیا۔

جمال: (بلند آواز) اب آ بھی جایئے حضور حکیم صاحب۔ دیر ہو گئی تو کسی نہ کسی کے جنازے میں شرکت کرنی پڑ جائیگی آپ کو۔

منشی: دیکھیئے، ذرا سوچیئے سمجھیئے غور کیجئے کہ اتنا شور مچانا درست نہیں سماعت پہ بار گذرتا ہے۔

بیدل: منشی جی خاموش، شعر وارد ہوا ہے سنو دوستو سنو ساغر کا شعر سنو!

یوں نہ رہ رہ کر ہمیں ترڑپایئے

آ یئے آ جایئے، آ جایئے

[اسلم اور جمال داد دیتے ہیں اچانک دور سے کھانسی کی آواز قریب آتی جاتی ہے]

جمال: (خوش ہو کر) آ گئے حکیم صاحب آ گئے

[حکیم صاحب کی آواز لرزتی کانپتی ہوئی ہے اور پوپلے مونہہ سے نکلتی ہے]

حکیم: (کھانس کر) وہ کون محترمہ ہیں جن کا دم نکلنے والا تھا۔ وہ آ جائیں پہلے۔

عورت ۱: (تکلیف آمیز لہجہ) میں ہوں حکیم صاحب میں ہوں۔ ہائے ہائے ۔۔۔ بس کیا بتاؤں دل سینے میں نہیں سماتا۔ ڈھول کی طرح بجتا رہتا ہے ہر وقت۔

بیدل: ڈھول کی طرح! ۔۔۔ واہ ۔۔۔ کیا بات کہی ہے آپ نے۔ خوب بات کہی ہے۔ ملاحظہ کیجئے۔

ڈھول کی طرح بجا کرتا ہے اب دل اُن کا

اِس لیئے دُور تلک دل کی صدا آتی ہے

حکیم : کیوں حضرت! کیا میں دریافت کرسکتا ہوں کہ آپ کیا چیز ہیں؟
بیدل : ویسے تو میں ناچیز ہوں، پھر بھی احقر کو بیدل دہلوی کہتے ہیں۔ عرض کرتا ہوں۔

جانتا ہوں کہ دھڑکتا ہے یہ کیا سینے میں
یوں تو بیدل ہوں مگر دل کا پتہ رکھتا ہوں۔

حکیم : کوئی بات نہیں ــــ لیکن میں آپ کو بتلائے دیتا ہوں کہ میرے سامنے شعر مت پڑھئے گا۔ مجھے شاعروں سے سخت نفرت ہے۔ ایسے شاعر کا میں قافیہ تنگ کر دیا کرتا ہوں۔ ہاں تو بڑی بی آپ کو کیا بیماری ہے۔؟

عورت : اے واہ حکیم صاحب! بیماری میں بتاؤں گی کہ آپ؟
بیدل : مجھ ناچیز کے خیال میں تو انہیں بیماری یہ ہے کہ یہ بیمار ہیں (ہنستا ہے) بیمار بننے کا ارادہ اور مشق کر رہی ہیں۔
منشی : اماں آپ پھر بولے۔ ذرا سوچئے سمجھئے غور کیجئے کہ اس طرح حکیم صاحب کو تشخیص و تجویز میں کتنی دقت ہوگی!
حکیم : کوئی بات نہیں۔ کوئی بات نہیں۔ اِس بار انہوں نے شعر تو نہیں پڑھا۔ بیدل صاحب آپ ذرا خاموش رہیئے تاکہ میں مریضہ کو توجہ سے دیکھ لوں ــ ہاں تو عزیزہ فرمائیے۔
عورت : اجی کیا فرماؤں حکیم صاحب۔ (کراہتے ہوئے) میرا دل زور زور سے دھڑکتا ہے کہ معلوم ہوتا ہے کہ بس اب نکل کر باہر آجائے گا۔ سانس سینے میں سماتا ہی نہیں ــــ ہائے ہائے ــــ ایسا لگتا ہے کہ جو سانس آگیا پھر واپس نہ جائے گا۔
بیدل : واہ وا ــ کیا بات کہی ہے۔ شعر زبان سے پھسل رہا ہے۔
حکیم : (کھانسی کے درمیان) روکو اُسے، مت پھسلنے دو۔
بیدل : اب تو پھسل ہی گیا حکیم صاحب ــــ عرض کیا ہے۔

ایک سانس آتا ہوا اور ایک ہے جاتا ہوا
دل کی دھڑکن درمیاں میں اِنکے ہے لٹکی ہوئی

اسلم : واہ بیدل صاحب واہ — کیا شعر کہا ہے!

حکیم : (ناراضگی) کیا خاک شعر کہا ہے۔ بالکل مہمل اور ناموزوں شعر ہے۔ عزیزم! یہ تُک بندی میری سمجھ میں نہیں آئی۔ (کھانس) میں نہایت ادب سے عرض کردوں کہ ایسے حضرات کو میں اپنے پاس بھی پھٹکنے نہیں دیتا۔ اگر آپ کو کوئی تکلیف ہو تو بیان فرمائیں: تاکہ پہلے آپ کی چھٹی کردی جائے۔

بیدل : حکیم صاحب قبلہ۔ تکلیف تو مجھے بہت زیادہ ہے۔ لیکن اپنا نمبر آنے پہ عرض کروں گا۔

حکیم : (اخلاقاً) کوئی بات نہیں۔ کوئی بات نہیں۔ لیکن اگر آپ مجھے بتادیتے تو میرا کام آسان ہوجاتا۔

عورت ۲: ارے اِس آدمی کو بولنے کا مرض لگتا ہے — موا بولے چلا جاتا ہے اور کسی کو نہیں دیکھنے دیتا۔

جمال : خوب کہا محترمہ۔ آپ نے خوب کہا — ایسا ہی لگتا ہے۔

عورت ۱: ہائے ہائے — میں مری جارہی ہوں اور تم لوگوں کو بحث کی پڑی ہوئی ہے۔

حکیم : کوئی بات نہیں۔ کوئی بات نہیں (کھانستے ہیں) مجھے تو آپ صحت مند نظر آتی ہیں۔ بالکل ٹھیک ہیں آپ محترمہ!

عورت ۱: واہ بھئی واہ — اگر ٹھیک ہوتی تو یہاں آتی ہی کیوں۔

اچھے عیسیٰ ہو مریضوں کا خیال اچھا ہے
ہم مرے جاتے ہیں تم کہتے ہو حال اچھا ہے

[کراہتی ہے]

سب مرد ایکساتھ : واہ وا — کمال ہے — کیا شعر پڑھا ہے ۔

بیدل : دیکھیئے حکیم صاحب اِسکی نہیں ہوگی ۔ آپ مجھے تو منع کر رہے ہیں لیکن یہ محترمہ شعر پڑھ رہی ہیں ۔

حکیم : بھئی وہ تو — وہ تو — (کھانستے ہیں) اب میں کیا عرض کروں ؟

بیدل : عرض تو میں کرتا ہوں حکیم صاحب ۔ آپ ملاحظہ فرمائیں کہ میرے یہاں آ نے سے حالات کیلسے کیا ہو گئے — سُنیئے ۔

میں مطب میں کیا گیا گویا دبستاں کھُل گیا
عورتیں سنکر میرے نالے غزل خواں ہوگئیں ۔

اسلم ۔ جمال ۔ سلیم : (ایکساتھ) واہ وا — واہ وا — خوب — بھئی بیدل صاحب جواب نہیں ۔

حکیم : (طنز) ہاں جواب تو واقعی نہیں ۔ غالب کے شعر کی مٹی جو پلید کی ہے — (کھانسی) مگر بیدل صاحب میں آپ کو دوسری بار آگاہ کر رہا ہوں کہ یہ مشاعرہ یہاں نہیں چلے گا ۔ مجھے اشعار اور شعُرا دونوں سے نفرت ہے ۔ سمجھے ؟

بیدل : (نقل اُتار کر) کوئی بات نہیں ۔ کوئی بات نہیں — آپ مریضوں کو دیکھیئے ۔

حکیم : شکریہ ! — ہاں تو محترمہ اب فرمائیے کیا تکلیف ہے ؟

عورت ۱ : (ناراضی) بتا تو چکی ہوں ۔ کتنی بار بتاؤں — کہا تھا ناکہ دھڑکن کا مرض ہے ۔ راتوں کو نیند بالکل نہیں آتی ۔

بیدل : (جلدی سے) نسخے میں ایک لوری ضرور لکھ دیجئے گا حکیم صاحب ۔

حکیم : (بیحد غصہ) اماں آپ آدمی ہیں کہ جھُنجھنے — ہر وقت بجے ہی جاتے ہیں ۔ خاموش رہو بھائی ۔ خاموش رہو ۔

بیدل : بہتر ہے ۔ اب میں لب سی لیتا ہوں ۔

حکیم : ہاں تو محترمہ! آپ نے فرمایا تھا کہ آپ کو راتوں کو نیند نہیں آتی۔

عورت : جی ہاں ــــ پوری رات جاگتے میں کٹتی ہے حکیم صاحب صبح تک جاگتی ہی رہتی ہوں۔

حکیم : اور صبح کو کیا کرتی ہیں آپ؟

عورت : صبح کو ــــ صبح ہوتے ہی سو جاتی ہوں۔ (سوتے ہوئے) شام تک سوتی رہتی ہوں ــــ پھر جب رات ہو جاتی ہے تو جاگتی رہتی ہوں ــــ نیند ہی نہیں آتی۔

حکیم : (تسلی دیتے ہوئے) کوئی بات نہیں۔ کوئی بات نہیں ــــ میں ابھی . . . .

بیدل : حکیم صاحب بات کیسے نہیں۔ رات کی کسر تو یہ دن میں پوری کر لیتی ہیں لہٰذا رات کو لازمی طور پر جاگیں گی۔

حکیم : دیکھئے حضرت! آپ پھر بول رہے ہیں۔

بیدل : اس لئے بول رہا ہوں کہ کاش یہ مرض مجھے لاحق ہو جاتا۔

اسلم : اگر ہو جاتا تو کیا کرتے آپ؟

بیدل : اختر شماری کرتا ــــ ایک ہزار تارے گن کر ایک غزل کہہ ڈالتا۔ تاروں کی گنتی بھی ہو جاتی اور غزل کا مطلع بھی ــــ عرض کرتا ہوں۔

رات کے وقت وہ تاروں کو گنا کرتے ہیں
یوں سوال اپنے ریاضی کے کیا کرتے ہیں

حکیم : (غصے سے) لاحول ولا قوۃ ــــ اماں آپ آدمی ہیں کہ بکرے۔ ہر قافیہ میں ہیں کئے جاتے ہیں۔ غیر موزوں اشعار پڑھے جاتے ہیں اور اپنے ساتھ ہی میرا دماغ بھی خراب کرتے ہیں!

منشی : (غصے سے) حد ہو گئی۔ آپ کہیں تو بیدل کو بلاؤں حکیم صاحب۔

حکیم : اماں نہیں بھئی ــــ بیدل صاحب آپ معقول آدمی ہو کر نہ جانے کیوں شاعر ہو گئے۔ اب میں آپ کی طرف دھیان ہی نہ دوں گا۔

بیدل : (نقل اتار کر) کوئی بات نہیں۔ کوئی بات نہیں ــــ آپ تشخیص جاری رکھئے۔

عورت : آپ نے مجھے دیکھ لیا حکیم صاحب ــــ بتایئے کیا کروں؟

حکیم : محترمہ دھڑکن کے لئے چند معجونیں دے رہا ہوں۔ انہیں کھاتی رہئے اور دن بھر بازاروں کے چکر لگاتی رہئے، سوئیے گا نہیں اور جب رات ہو جائے تو سو جائیے گا۔ پھر کوئی آپ کا کچھ نہیں بگاڑ سکتا۔

عورت : ٹھیک ہے حکیم صاحب ــــ میں یہ سعی کر کے دیکھ لیتی ہوں آداب عرض۔

بیدل : حکیم صاحب معافی چاہتا ہوں کہ آپ کا موڈ آف کر دیا ــــ اب میں خاموش رہوں گا۔

حکیم : کوئی بات نہیں۔ کوئی بات نہیں ــــ ہاں نواب کسے دکھانا ہے۔ آپ آیئے محترمہ۔

عورت ۲ : مجھے اپنے بچے کو دکھانا ہے حکیم صاحب۔ یہ بہت دبلا پتلا ہے۔ نہ جانے کیا بات ہے؟

حکیم : کوئی بات نہیں۔ کوئی بات نہیں ــــ میں دیکھ رہا ہوں ــــ ہوں ــــ اچھا یہ بتایئے کہ آپ اسے کون سا دودھ پلاتی ہیں؟

عورت ۲ : جی بازار کا پلاتی ہوں۔ بوتل سے۔

حکیم : ہوں۔ سمجھ گیا۔ بچے کا گلا آ گیا ہے۔

عورت ۲ : (گھبرا کر) گلا آ گیا ہے!

حکیم : بوتل سے دودھ پلانے میں یہی نقصان ہے کہ گندے استعمال شدہ نپل کی وجہ سے عموماً بچوں کا گلا آ جاتا ہے۔ میں دوا تو دوں گا ہی لیکن آپ کو بھی کچھ کرنا پڑے گا۔

عورت نمبر۲ (بے صبری) بتائیے بتائیے۔ میں سب کچھ کروں گی۔

حکیم : پہلے آپ یوں کیجئے کہ بچے کے کپڑے اتار دیجئے۔ بوتل کا نپل الگ کر دیجئے۔ بچے کا جسم بھی صاف کیجئے اور پھر اُسے کھولتے ہوئے پانی میں ڈال دیجئے۔

بیدل: (گھبرا کر) کیا کہا — کیا بچے کو کھولتے ہوئے پانی میں ڈال دیں!

حکیم : ارے بھائی تم خاموش رہو۔ میں بوتل کے بارے میں کہہ رہا ہوں۔

بیدل: اوہ — میں کچھ اور سمجھا۔

حکیم : اِسکے بعد محترمہ بوتل کو خوب اچھی طرح صاف کر لیجئے۔

عورت نمبر۲ : جی بہت اچھا۔

حکیم : اِس کے بعد بچے کو بھی اچھی طرح نہلا دیجئے اور نپل کو خوب دھوئیے اور بوتل کو بھی — پھر نپل اُسکے مونہہ پر چڑھا دیجئے۔

بیدل، (چیخ کر) کیا کہا — بچے کے مونہہ پر!

حکیم : (جھنجھلا کر) ارے نہیں بھائی نہیں — بوتل کے مونہہ پر بوتل کے۔ تم بابا کرم بیچ میں مت ٹپکو۔

منشی : دیکھئے جناب۔ ذرا سوچئے سمجھئے غور کیجئے — اب اگر بولے تو بوتل کا نپل آپ کے مونہہ میں دے دیا جائے گا۔

بیدل: سمجھ گیا سمجھ گیا — میں بالکل خاموش ہوں منشی منتی۔

حکیم : ہاں تو میں کیا کہہ رہا تھا؟ (کھانسی)

عورت: آپنے کہا تھا کہ نپل بوتل کے مونہہ پر چڑھا دیا جائے۔

حکیم : ٹھیک — درست فرمایا آپ نے — اب یوں کیجئے کہ بچے کو صاف ستھرے بستر پر لٹا دیجئے۔ نپل بوتل سے ہٹا لیجئے۔ بوتل میں دودھ ڈالنے سے پہلے اُسے نیم گرم کر لیجئے اور بچے کو دودھ پلانے سے پہلے اُس کے الگ الگ حصے

کر لیجئے۔

بیدل: (چیخ کر) ارے مار ڈالا — یعنی بچے کے الگ الگ حصے۔!

حکیم: (چیخ کر) ارے بھائی نہیں نہیں — بوتل کے، سمجھے، بوتل کے۔

بیدل: (اطمینان کا سانس لے کر) افوہ! میں کچھ اور ہی سمجھا تھا۔

حکیم: (ناراضی) منشی جی — خدا کے لئے اِس شخص کو باہر نکال دو — یہ اگر یہاں رہا تو مجھے پاگل کر دے گا۔ (کھانسی)

منشی: چلو میاں۔ کھسکو یہاں سے — آؤ بھئی مریضو آپ سب بھی اسے نکالنے میں میری مدد کرو۔

اسلم جمال: ضرور ضرور — ہمارا دماغ بھی خراب کر دیا اس نے — ہاتھ پکڑ لو، میں اِسے باہر دھکیلتا ہوں۔

[بیدل احتجاج کرتا ہے۔ ارے چھوڑو مجھے۔ دیکھو کیا کرتے ہو۔ مجھے کیوں نکال رہے ہو۔ مجھے وداعی شعر تو پڑھنے دو]

منشی: اجی تمہاری ایسی کی تیسی۔ دفع ہو یہاں سے۔

بیدل: (مائیک سے دور بلند آواز) حکیم صاحب۔ دیکھئے حکیم صاحب میں کہتا ہوں میں خود چلا جاؤں۔ یہ دھکا دھپّا اور زبردستی شرفا کا شیوہ نہیں ہے حکیم صاحب۔

حکیم: (نرمی) چھوڑ دو بھائی چھوڑ دو — یہ خود چلے جائیں گے۔

بیدل: (دور ہی سے) دیکھئے یہ ہوئی نا کچھ بات — آپ کی نرمی اس انداز بتاتا ہے کہ آپ مجھ سے ناراض نہیں ہیں — عرض کرتا ہوں۔

جاتے جاتے جو میری سمت نہ دیکھا تو نے

یہی انداز محبت کا پتہ دیتا ہے۔

[آواز دور ہوتی جاتی ہے]

حکیم : لاحول ولاقوۃ۔ کم بخت گیا بھی تو شعر سنا کر۔

اسلم : صاحب بڑا ڈھیٹ معلوم ہوتا ہے۔

جمال : یہ سب شاعر اسی قسم کے ہوتے ہیں۔ ٹھیک ہے نا حکیم صاحب۔

حکیم : کوئی بات نہیں، کوئی بات نہیں۔ (عورت سے) بس تو محترمہ اب آپ جائیے۔ منشی جی سے دوا لیتی جائیے گا۔

عورت ۲ : بہت اچھا حکیم صاحب۔ میں چلتی ہوں۔

حکیم : (کھانس کر) اچھا جناب آپ آجائیے۔ آپ کو تکلیف ہے۔

جمال : جی حاضر ہوا۔ تکالیف تو حکیم صاحب لاتعداد ہیں۔ اجازت مرحمت فرمائیں تو خدمت اقدس میں عرض کرنے کا شرف حاصل کروں۔

حکیم : ہوں۔ ویسے آپ کرتے کیا ہیں جناب؟

جمال : جی میں کالج میں پروفیسر ہوں۔ ان دنوں ایک لغت کی ترتیب میں مصروف ہوں۔

حکیم : کوئی بات نہیں، کوئی بات نہیں۔ فرمائیے آپ کیا فرمانا چاہتے ہیں۔؟

جمال : حکیم صاحب میں اس حقیقت سے کما حقہٗ واقف ہوں کہ جسم بشر فانی، اس فنکارِ عظیم کا، کہ جس کو خالق کائنات و ارض سما کہتے ہیں اور جو میرا بھی خالق و معبود حقیقی ہے، ایک ناقابل حل، فہم و ادراک سے بالاتر ایک حیرت انگیز کارخانہ ہے۔ جس کی مشینیں گو چشم بینا سے دکھائی نہیں دیتیں لیکن بادی النظر میں خود کار مصروفِ عمل ہے۔

حکیم : محترم۔ آپ مجھے حال بتا رہے ہیں یا طبِّ یونانی کا درس دے رہے ہیں۔؟

جمال : جی نہیں۔ میں تو در اصل ان رازہائے سربستہ کو جو نظام جسمانی میں مستور ہیں۔ منکشف کر رہا ہوں۔ بالفاظ دیگر نظام جبلت اور انسانی مشینری کی

اس قدر پر پیچ و پیچیدہ ہے کہ عقل انسانی معلوم کرنے سے قاصر ہے کہ نہ جانے کب کیا رونما ہو جائے۔

حکیم: میں سمجھ رہا ہوں۔ آپ اتنے آسان الفاظ میں بتا رہے ہیں کہ سبھی کی سمجھ میں آ رہا ہے۔

جمال: تو میرے عرض کرنے کی غرض و غایت یہ ہے کہ اعضاء بشر صبح و شام اپنا دقیق کام دیئے جا رہے ہیں اور ہمیں ذرا سا بھی احساس نہیں ہوتا۔ ہماری کھال کے اندر کیا ہو رہا ہے، اعضائے رئیسہ کن حرکات میں مصروف ہیں معلوم ہی نہیں ہوتا۔ اسی باعث مجھے مبہم سا احساس ہوتا ہے کہ اغلباً میں کچھ بیمار سا ہوں۔ کیا بیمار ہوں، کون سی بیماری ہے۔ بس یہی معلوم کرنے حاضر ہوا ہوں۔

حکیم: (سکون کا لمبا سانس خارج کرتے ہوئے) جب آپ کی زبان اتنی مشکل ہے تو نہ جانے بیماری کتنی خوفناک ہو گی؟

جمال: جی ہاں جی ہاں۔

حکیم: کوئی بات نہیں۔ کوئی بات نہیں۔ یہ بھی معلوم ہوا جاتا ہے — ذرا زبان دکھایئے۔

جمال: زبان بھی دیکھئے اور آپ فرمائیں تو آنکھیں بھی دکھاؤں؟

حکیم: نہیں زبان ہی کافی ہے — ہوں — اب ذرا کھانسیئے۔

جمال: (آہستہ سے کھانستا ہے)

حکیم: ذرا زور سے کھانسیئے۔

جمال: (تھوڑا زور سے کھانستا ہے)

حکیم: کیا بات ہے آپ کے سینے میں دم نہیں ہے جو زور سے نہیں کھانس سکتے۔ اور زور سے کھانسیئے۔

جمال: (زور سے کھانستا ہے)

حکیم: کمال ہے صاحب۔ ارے بھئی آپ اپنے اعضائے رئیسہ اور اعضائے جسمانی اور نہ جانے کیا کیا، جن کا آپ نام لے رہے تھے، اُن کا زور لگا کر نہیں کھانس سکتے — کھانسیئے زور سے۔

جمال: (بہت زور سے اور پوری قوت سے کھانستا ہے۔)

حکیم: بس بس بس — لیجیئے پتہ لگ گیا کہ آپ کو کیا بیماری ہے۔

جمال: (خود بخود کھانس کر) کیا بیماری ہے حکیم صاحب؟

حکیم: کھانسی ہے آپ کو — جی ہاں — لغت کی کتابیں لکھنے والے کو عموماً کھانسی ہو جاتی ہے۔

جمال: (حیرت) جی —!

حکیم: ویسے یہ کھانسی کب سے ہے آپ کو؟

جمال: (حیرت۔ گھبراہٹ) کب سے ہے کا کیا مطلب! اجی جناب ابھی ابھی تو اُٹھی ہے کھانسی اور اُٹھوانے والے بھی آپ ہی ہیں۔

حکیم: محترم میں مذاق بالکل پسند نہیں کرتا — یہ لیجیئے نسخہ، منشی جی سے بندھوا لیجیئے۔ انشاء اللہ افاقہ ہوگا۔

جمال: مگر حکیم صاحب — میں — میرا — سنیئے تو سہی۔

بیدل: (دور سے مائیک کے قریب آتے ہوئے)

شاید مجھے نکال کے پچھتا رہے ہوں آپ
محفل میں اس خیال سے پھر آگیا ہوں میں۔

حکیم: (چونک کر غصے سے) افوہ! — اماں تم پھر آگئے۔ سچ کہتا ہوں میں پاگل ہو جاؤں گا۔

بیدل: حکیم صاحب آپ بلا وجہ ناراض ہو رہے ہیں۔ اس بار تو شعر موزوں پڑھا ہے۔ میرا نہیں ایک بڑے شاعر کا ہے۔

حکیم: (غصّہ) دیکھو میاں ــــ میں طرح دے رہا ہوں ورنہ بتا دیتا کہ میں کیا کر سکتا ہوں۔

منشی: دیکھو میاں شاعر کی دُم۔ اگر تمہیں خود کو دکھانا ہے تو آرام سے بیٹھو۔ دوسروں کا وقت کیوں خراب کرتے ہو۔ ورنہ قسم ہے پیدا کرنے والے کی میں کہہ نہیں سکتا کہ کیا کر بیٹھوں گا؟

بیدل: ذرا سوچیے سمجھیے اور غور کیجیے کہ آپ سوائے پڑیاں باندھنے کے اور کچھ نہیں کر سکتے۔ ویسے آپ کی دھمکی سے اثر لیتے ہوئے پیچھے میں خاموشی سے بیٹھ جاتا ہوں۔ اب نمبر آنے پر ہی خود کو دکھاؤں گا۔

منشی: بہت بہت شکریہ ــــ نوازش۔

حکیم: بھائی بیدل میاں ــــ آپ اچھے خاصے آدمی ہو کر نہ جانے شاعر کیوں بن گئے۔ بخدا بہترین نسخہ ذہن میں آتا ہے مگر آپ کی بے معنی بکواس کی نذر ہو جاتا ہے۔ (کھانسی)

منشی: یہ تو یوں ہی بولتے رہیں گے حکیم صاحب ــــ آپ اگلے مریض کو دیکھیے۔

بیدل: ضرور دیکھیے۔ میرا ارادہ تو خاموش رہنے کا تھا ــــ مگر ملاحظہ کیجیے پھر ہو گیا شعر ــــ عرض ہے۔

یہ مطب یوں ہی رہے گا اور ہزاروں جانور
اپنی اپنی بولیاں سب بول کر اُڑ جائیں گے

(ہنستا ہے)

حکیم: (نرمی اور لجاجت سے) بھائی بیدل ــــ میاں بیدل، برخوردار بیدل۔

خدا کے واسطے خاموش رہو — شعر سنکر میرے ہاتھ پاؤں پھول جاتے ہیں — کہو تو ہاتھ جوڑ لوں تمہارے آگے؟

بیدل: (جلدی سے) کیوں شرمندہ کرتے ہیں حکیم صاحب — میں تو خادم ہوں آپ کا۔ لیجئے اب میں کچھ نہ بولوں گا۔

حکیم: اب آپ اگر اجازت دیں تو میں دوسرے مریضوں کو دیکھ لوں!

بیدل: کوئی بات نہیں کوئی بات نہیں — شوق سے دیکھئے — بسم اللہ!

حکیم: (مطمئن ہو کر) ہاں بھیا تم بولو — تمہارا کیا حال ہے؟

سلیم: جی میں آپ کا پرانا مریض ہوں۔ آپ کو یاد ہوگا کئی بار آ چکا ہوں۔

حکیم: یاد تو آ گیا۔ مگر صاحبزادے یہ یاد نہیں آتا کہ آپ کو آخر تکلیف کیا تھی۔ ذرا وضاحت کیجئے۔

سلیم: ایک بار آپ نے فرمایا تھا کہ میں دو سال کے بچے کی غذا کھاؤں یاد ہے؟

حکیم: ہاں کہا تھا — پھر؟

سلیم: میں نے غلطی سے دو شیشے کی گولیاں۔ کچی مٹی، ایک سالم غبارہ اور لکڑی کے کچھ ٹکڑے کھا لئے تھے۔

حکیم: ہاں ہاں — یاد آ گیا۔

بیدل: میں بالکل خاموش ہوں حکیم صاحب۔ لب سی لئے ہیں میں نے۔

حکیم: نوازش نوازش — ہاں بھئی پھر کیا ہوا تھا؟

سلیم: (تکلیف کا احساس) آپ کو یہ بھی یاد ہوگا کہ میرے پیٹ میں درد پیدا اٹھا تھا۔

حکیم: بالکل یاد ہے قطعی یاد ہے۔

سلیم: آپ نے مشورہ دیا کہ میں اسپتال جاؤں۔ میں اسپتال گیا اور وہاں ڈاکٹروں نے میرے پیٹ کا آپریشن کر ڈالا تھا۔

بیدل: الحمدُ للہ!

حکیم: (تسلی دیتے ہوئے) کوئی بات نہیں۔ کوئی بات نہیں — مجھے خوب یاد ہے۔

سلیم: آپ کو یہ بھی یاد ہوگا کہ میرے پیٹ میں درد پھر اٹھا تھا۔ میں نے جب دوبارہ سرجن کو دکھایا تو اُس نے کہا کہ وہ قینچی پیٹ کے اندر رکھ کر بھول گیا ہے۔

بیدل: استغفراللہ!

حکیم: افوہ! — ہاں ہاں مجھے یہ بھی یاد ہے۔

بیدل: میں اب بھی خاموش ہوں حکیم صاحب۔

حکیم: (خشک لہجہ) کوئی بات نہیں کوئی بات نہیں — ہاں برخوردار پھر؟

سلیم: (تکلیف یاد کرکے کراہتا رہتا ہے) پھر سرجن نے دوبارہ آپریشن کرکے قینچی نکال لی اور ٹانکے لگادیئے۔

بیدل: سبحان اللہ سبحان اللہ!

حکیم: ہوں — اچھا پھر؟

سلیم: (بسورتے ہوئے) تین مہینے بعد درد پھر ہوا۔ میں پھر اسپتال گیا۔ سرجن نے تیسری مرتبہ بھی آپریشن کر ڈالا — دوسری بار وہ ہیرے کی انگوٹھی رکھ کر بھول گیا تھا۔

بیدل: ماشاءاللہ ماشاءاللہ!

حکیم: آپ ذرا بیچ میں نہ بولیں بیدل میاں — ہاں صاحب پھر؟

سلیم: (بسورتے ہوئے) اُس نے ہیرے کی انگوٹھی نکال کر پھر ٹانکے لگادیئے۔

حکیم: کوئی بات نہیں کوئی بات نہیں — یہ بتایئے کہ اب کیا اُلجھن ہے؟

سلیم: (روتے ہوئے) اُلجھن یہی ہے حکیم صاحب کہ اب میرے پیٹ میں سے ٹِک ٹِک ٹِک ٹِک! کی آواز آ رہی ہیں۔ [بھبک کر روتا ہے]

حکیم: (سوچتے ہوئے) اس کا مطلب یہ ہے کہ ڈاکٹر تیسری بار اپنی ریسٹ واچ پیٹ میں رکھ کر بھول گیا۔

سلیم: (روتے ہوئے) جی ہاں جی ہاں — وہ کہتا ہے کہ گھڑی بہت قیمتی ہے۔ چوتھی بار پھر آپریشن کرنا پڑے گا۔

بیدل: کروالو۔ کروالو، اب تو تمہیں بھی عادت پڑ گئی ہوگی۔

حکیم: ہاں ہاں برخوردار، کروالو۔ اب اس کے سوا چارہ ہی کیا ہے۔

سلیم: (رونا بند کر کے۔ سسکیاں لیتے ہوئے) مگر حکیم صاحب آخر کب تک میں اسی طرح بار بار پیٹ کو چاک کرواتا رہوں گا۔؟

حکیم: بات تو ٹھیک ہے، مگر خیر کوئی بات نہیں — میں سوچ کر بتاؤں گا۔

سلیم: لیکن اتنے عرصے میں تو میرا کام ہی تمام ہو جائے گا۔ میں تو چاہ رہا تھا کہ آپ کوئی نسخہ تجویز کر دیں تاکہ......

بیدل: اگر آپکو کوئی اعتراض نہ ہو تو نسخہ میں تجویز کردوں۔

حکیم: (غصّہ) اماں تم بولے جاؤ گے — آدمی ہو کہ جانور — ہر وقت بولیاں بولتے رہتے ہو۔ سچ تمہاری بکواس سن کر تو مجھے اختلاج محسوس ہونے لگتا ہے۔

بیدل: آپ ناحق ناراض ہو رہے ہیں۔ جناب ہر انسان کا فرض ہے کہ وہ دوسرے کے کام آئے۔ ثواب ہوتا ہے۔ میں اپنی اسی انسانیت سے مجبور ہو کر ان صاحب کو ایک مشورہ دینا چاہتا ہوں۔

سلیم: (لجاجت سے) سن لیجئے سن لیجئے۔ کیا مشورہ دے رہے ہیں یہ ؟۔

منشی: ارے بھائی یہ شخص مشورہ نہیں دے گا بلکہ شعر پڑھ دیگا۔

بیدل: او ہو — شعر پڑھنا تو میں بھول ہی گیا تھا — عرض کرتا ہوں۔

مشورہ مفت ہیں ملتا ہو تو انکار نہ کر
ورنہ اسکی بھی یہاں فیس ہوا کرتی ہے۔

حکیم: (غصّے سے) دیکھا — دیکھا، یعنی پھر نیا واہیات شعر۔

سلیم: میری خاطر گوارا کر لیجئے حکیم صاحب — ایک بار مشورہ تو سُن لیجئے۔

حکیم: چلو سناؤ۔ شعر سُنا ہے تو مشورہ بھی سہی — لیکن شعر سُن سن کر میرا اختلاج بڑھتا چلا جا رہا ہے۔

سلیم: بولو شاعر صاحب بولو بھائی کیا مشورہ ہے؟

بیدل: مشورہ یہی ہے کہ اب جب اسپتال جاؤ اور سرجن گھڑی نکالنے کے لئے آپریشن کرنے تو . . .

حکیم، منشی، سلیم: (سب مل کر) تو —؟

بیدل: تو اُس سے کہئے گا کہ پیٹ میں اس بار ٹانکے نہ لگائے۔

حکیم: ٹانکے نہ لگائے! — کیا کہہ رہے ہو جی تم۔ ٹانکے نہ لگائے گا تو کیا کرے گا۔

بیدل: سرجن سے کہئے گا کہ اس بار بٹن لگا دے بٹن۔ (ہنستا ہے)

سلیم: (چیخ کر) بٹن!

بیدل: ہاں — نہ جانے پھر کب پیٹ کھولنے کی ضرورت پڑ جائے — تب ذرا آسانی رہے گی۔ [ہنستا ہی رہتا ہے]

حکیم: لاحول ولا قوۃ — کیا بدتمیزی ہے یہ۔

سلیم: (ناراضی) آپ لوگ تو مریضوں سے مذاق کرتے ہیں۔ اچھا مطب ہے۔ اور اچھا مشورہ — آداب عرض، میں چلتا ہوں۔

منشی: اے بھائی اے بھائی شاعر۔ یہ تو بتاؤ کہ کیا چاہتے ہو — دیکھو تمہاری وجہ سے ایک اور مریض ناراض ہو کر چلا گیا۔

بیدل: (حیرت) کیا چاہتا ہوں — اجی حضور میں خود کو دکھانا چاہتا ہوں۔

حکیم: (عاجز آکر) کوئی بات نہیں کوئی بات نہیں — پہلے تم ہی دکھاؤ بھائی۔
بتاؤ کیا تکلیف ہے۔؟

بیدل: تکلیف تو جناب بہت ہے۔ عرض کرتا ہوں۔

چشم گریاں، سینہ بریاں، قلب لرزاں ہو گیا
آپ مجھ کو دیکھ لیں سمجھوں گا درماں ہو گیا۔

آداب عرض آداب عرض۔

حکیم: (لہجہ میں اضمحلال) آپ نے تو میاں حال بھی شعر میں سنایا۔ میں عرض کر چکا ہوں کہ مجھے یہ تک بندی پسند نہیں ہے۔ آپ کی حماقتوں کے طفیل میرا دوراننا خون تیز سے تیز تر ہوتا جارہا ہے، بیدل میاں۔ (کھانسی)

بیدل: کوئی بات نہیں کوئی بات نہیں۔

حکیم: بہر حال طبیب ہوں۔ دیکھنا میرا فرض ہے۔ حال بتائیے اور ہاتھ ادھر کیجئے تاکہ نبض دیکھ لوں۔

بیدل: کیا کہا نبض! (ہنستا ہے) نبض کہاں ملے گی حکیم صاحب۔ دیکھئے عرض ہے:

کیا دیکھتا ہے ہاتھ میرا چھوڑ دے طبیب
یاں جان ہی بدن میں نہیں نبض کیا چلے۔

حکیم: (عاجز۔ پریشان) افوہ — کیا کروں — کہاں جاؤں — منشی جی ذرا میری اختلاج والی دوا تو دینا۔

منشی: جی بہت اچھا۔ (بیدل سے) اے بھائی — اماں خدا کے واسطے چلے جاؤ — کیوں حکیم صاحب کو بیمار ڈالتے ہو؟

بیدل: واہ — یعنی حال بیان کئے بغیر چلا جاؤں۔؟

حکیم: (آواز بہت کمزور، مضمحل) ارے بھائی تو کسی طرح بکو بھی۔ بولو کیا حال ہے؟

بیدل: حال ـــــ حال کے بارے میں عرض ہے۔

حالِ دل مجھ سے نہ پوچھو میری نظریں دیکھو

رازِ دل کے تو نگاہوں سے عیاں ہوتے ہیں۔

منشی: (چیخ کر) بس ـ بس ـ بس، بھیا بعزت پڑھو ـــــ حکیم صاحب کو تکلیف ہو رہی ہے۔

بیدل: کیوں حکیم صاحب، کیا واقعی بہت تکلیف ہو رہی ہے۔ عرض کرتا ہوں...

حکیم: (بری طرح چیخ کر) خاموش خاموش ـــــ (نڈھال ہو کر) افوہ! کس مصیبت میں گرفتار ہو گیا۔ کیا کروں؟ (کھانسی۔ سانس پھول رہا ہے) میاں برخوردار، سیدھی طرح بتا دو کیا پریشانی ہے اور کیا تکلیف ہے،

بیدل: پریشانی ـــــ تکلیف ـــــ عرض کرتا ہوں

[اونچے ترنم سے]

شکم میں ٹیس اٹھتی ہے جگر میں درد رہتا ہے

سدا یہ قانِ الفنا سے میرا مونہہ زرد رہتا ہے

آداب عرض آداب عرض۔

حکیم: (نقاہت بھری آواز) الٰہی میری توبہ ـــــ کس عذاب میں پھنس گیا؟ (بیدل سے) دیکھو بھائی ـــــ میں حکیم بیشک ہوں لیکن انسان بھی ہوں۔ میں بیمار بھی ضرور ہو سکتا ہوں ـــــ اس لئے اس لئے.....

منشی: (گھبرا کر) کیا ہوا ـــــ کیا ہوا حکیم صاحب؟

حکیم: (وہی حالت) اس سے پہلے کہ مجھے اختلاجِ قلب کا دورہ پڑے تم خدا کے لئے یہاں سے چلے جاؤ ـــــ ہائے ـــــ ہائے۔ ہائے۔

[چند مریضوں کی آوازیں : ارے بھائی جاؤ۔ جانے کیوں نہیں]

بیدل: (ناراضی) کیسے چلا جاؤں جبکہ میرا علاج ہی نہیں ہوا!

منشی : اماں تو سُنا بھی چکو ـــ سوچو سمجھو غور کرو بھائی۔

حکیم : (نقاہت بھرا لہجہ) میرے خیال میں تو میاں آپ کو کوئی تکلیف ہی نہیں ہے ـــ آپ بالکل تندرست ہیں۔

بیدل: میں تندرست ہوں؟ مجھے یعنی بیدل دہلوی کو کوئی تکلیف نہیں۔ حکیم صاحب مجھے تکلیف ہے اور بہت زیادہ ہے۔

حکیم : تو بول بھی چکو بھائی کیا تکلیف ہے ـــ ہائے ہائے۔

بیدل : یہ تکلیف کیا کم ہے کہ میں شعر سنانے کے لئے ترستا رہتا ہوں۔ ہر ایک گھنٹہ بعد ایک غزل کہتا ہوں۔ مگر سننے والا مجھے ایک منٹ بھی نہیں دیتا۔ یہ تکلیف ہے کہ میرے اشعار کوئی نہیں سُنتا۔ میں ایک ایک کا موہنہ دیکھتا ہوں اور سب بہرے بنے ہوئے مجھے دیکھتے رہتے ہیں ـــ اور آپ کہتے ہیں میں تندرست ہوں ـــ ہئے ہئے، کیا شعر ہے۔

اُن کے دیکھے سے جو آجاتی ہے موہنہ پہ رونق
وہ سمجھتے ہیں کہ بیمار کا حال اچھا ہے

حکیم : (چیختے ہیں) افوہ پھر وہی لغویت ـــ ہائے۔ ہائے ـــ ارے میں مرا ارے میرا دل۔

منشی : (گھبرا کر) حکیم صاحب۔ حکیم صاحب ـــ خیر تو ہے۔؟

حکیم : ارے یہ تو پہلے ہی بیدل ہے ـــ اِس نے اپنے دل کا نہ جانے کیا کیا جواب میرے دل کے پیچھے پڑا ہوا ہے ـــ ہائے ـــ ہائے۔

بیدل : مجھے افسوس ہے حکیم صاحب کہ آپ کی طبیعت خراب ہوگئی ـــ میں

معافی چاہ رہا ہوں۔

حکیم: (روتی بسورتی نقاہت سے پر آواز) کوئی بات نہیں کوئی بات نہیں۔

منشی: چلو تم جلدی سے جو پوچھنا ہے پوچھو اور چلتے پھرتے نظر آؤ — سوچو سمجھو غور کرو!

[مریضوں کی آوازیں۔ سب منشی کی ہاں میں ہاں ملاتے ہیں اور بیدل سے پہلے جانے کو کہتے ہیں]

حکیم: (لمبے لمبے سانس لے کر اور رُک رُک کر) بات یہ ہے بیدل صاحب، کہ اشعار میری چڑ ہیں۔ سنتے ہی اختلاج ہو جاتا ہے۔ تمہیں یہ بات پہلے ہی بتا چکا ہوں مگر تم شعر پڑھنے سے باز نہیں آتے۔

بیدل: میں معافی مانگ چکا ہوں حکیم صاحب۔

حکیم: (وہی لہجہ) کوئی بات نہیں کوئی بات نہیں۔ (رُک کر) اب تم یہ بتاؤ کہ تم نے کوئی دوا ابھی کی کبھی؟

بیدل: دوا — دوا تو بہت کی حکیم صاحب لیکن...

مریضِ عشق پہ رحمت خدا کی
مرض بڑھتا گیا جوں جوں دوا کی

حکیم: (چلا کر) پھر وہی لغویت — پھر وہی شعر — ہائے ہائے — میں کہتا ہوں بکواس بند کرو۔

بیدل: یہ بکواس نہیں حکیم صاحب۔ اسے حالِ دل کہتے ہیں۔ ایک شعر ایک ہزار الفاظ پہ بھاری ہوتا ہے۔ سمجھے آپ؟

جمال: پتہ نہیں، ہم نے تو کبھی تولا نہیں۔

حکیم: منشی جی — منشی جی — لخلخہ — لخلخہ — ہائے ہائے۔

[سب مریض پھر چیختے ہیں اور جانے کو کہتے ہیں]

منشی : ارے جاؤ بھائی جاؤ ــــ ہاتھ جوڑ والو اور جاؤ۔

بیدل: میرے عزیز منشی! تم جانے کو کہتے ہو اور یہاں حالت یہ ہے کہ دل ہاتھوں سے نکلا جا رہا ہے۔

حکیم : (لمبے سانس) میرا دل بھی ہاتھوں سے نکلا جا رہا ہے بھائی۔ جاؤ رحم کرو۔

[مریض پھر بیدل پر چیختے ہیں]

بیدل : (ڈانٹ کر) خاموش رہو تم سب ــــ تم لوگوں سے زیادہ خراب حالت ہے میری۔

جمال : کیا خراب حالت ہے ــــ تم نے ناک میں دم کر دیا ہے۔ بتاؤ کیا خراب حالت ہے؟

بیدل : جب سے دل ہاتھوں سے نکلا ہے، قوتِ گفتار سلب ہو گئی ہے۔ راتوں کی نیندیں مجھ سے روٹھ کر نہ جانے کہاں چلی گئی ہیں ــــ زندگی بے مزہ اور پھیکی پھیکی سی لگتی ہے۔ مشاعروں میں جب کوئی نہیں بلائے گا تو اس سے بھی بری حالت ہو سکتی ہے ــــ کسی کام میں جی نہیں لگتا۔ ہوش و حواس کبھی کے رخصت ہو گئے ــــ عرض کرتا ہوں۔

ہوش و حواس، تاب و تواں داغ سب گئے
اب ہم بھی جانے والے ہیں سامان تو گیا

آداب عرض آداب عرض۔

حکیم : (چیخ کر) یا اللہ! میں کیا کروں ــــ اس لفنگے کی آواز تو دماغ پر ہتھوڑے کی طرح پڑتی ہے ــــ ہائے ہائے۔

منشی : دیکھو میاں ــــ ٹھیک طرح چلے جاؤ ورنہ مجھ سے برا کوئی نہ ہو گا۔ سوچو سمجھو غور کرو ــــ ہاں۔

بیدل: دوسرا شعر عرض ہے کہ . . . .

حکیم : (بُری طرح چیخ کر) نہیں ــــ ہرگز نہیں ــــ ہائے مر گیا مر گیا منشی جی۔

ارے یہ ظالم تو اچھا نہ ہوگا اُلٹا مجھے ہی بیمار ڈال دے گا۔ ہائے ہائے۔
ارے کئی گھنٹے سے میری جان کھائے چلا جارہا ہے — ہائے نملنے — نملنے۔
منشی : ارے بھائی خدا کے واسطے جاؤ۔ کیا جان لے کر ہی ٹلو گے؟
حکیم : (لرزتی آواز) اسے نکال دو — اسے نکال دو منشی جی — ہائے میرا دل۔
ہائے مرگیا۔
بیدل : "قبلہ حکیم صاحب آپ کی گفتگو میری طبع نازک پر گراں گزر رہی ہے — یہ گفتگو درجہ تہذیب و پایۂ ثقاہت سے یکسر گری ہوئی ہے۔
حکیم : نکال دو — ہائے میرا دل۔ (کراہتا ہے)
بیدل : کیا پھول جھڑ رہے ہیں آپ دونوں کے لبوں سے — لیجئے اسی پر عرض ہے۔
ہُما کو کب چُغد پہچانتا ہے
قدر اُلّو کی اُلّو جانتا ہے۔
حکیم : (بڑی طرح چیخ کر) بدتمیز — ناہنجار — یا جی ٹھہر تجھے بتاتا ہوں (کھانسی) ہائے مرگیا — اُف — ہائے میرا دل۔
منشی : ارے جا — اب چلا جا — ورنہ دھکے دے کر مطب سے باہر پھینک دوں گا۔
(مریض بھی چیختے ہیں)
حکیم : (غیر حالت) ارے مجھے سنبھالو — پکڑو مجھے، میں گیا۔
بیدل : (چلا کر) پکڑو منشی منقی — ارے حکیم صاحب نیچے گر رہے ہیں۔
منشی : (چلا کر) ارے شاعر کے بچے تیرا ستیاناس — حکیم صاحب کی حالت غیر ہوتی جارہی ہے۔ وہ اختلاج کے پہلے ہی مریض تھے اوپر سے تیرا مشاعرہ — چلا جا ورنہ ہاتھ چھوڑ بیٹھوں گا — ہاں۔
جمال : دیکھو منشی جی دیکھو۔ حکیم صاحب گاؤ تکیے سے لگ گئے — نملنو تو سنگھاؤ۔

منشی : (گھبرا کر) نکالتا ہوں۔ نکالتا ہوں۔ تم اس خبیث کو دھکے دے کر نکال دو

جمال : چلو میاں ورنہ ایک چھانپڑ رسید کر دوں گا ۔۔۔ نکلو یہاں سے۔

بیدل : ارے رے ۔۔۔ دھکے کیوں دے رہے ہو۔ جاتا ہوں جاتا ہوں۔ جاتے جاتے ایک وداعی شعر تو سن لو ۔۔۔ عرض کیا ہے۔

اُلٹی ہو گئیں سب تدبیریں کچھ نہ دوا نے کام کیا
دیکھا ان اشعار نے آخر ان کا کام تمام کیا

[آواز دور ہوتی جاتی ہے]

منشی : ارے کام تمام ہو تیرا ۔۔۔ ملعون ۔۔۔ خبیث ۔۔۔ ذلیل ۔۔۔ اچھا ہے دفع ہو گیا۔

حکیم : (کمزور، لرزتی آواز۔ رک رک کر) میرا دل ۔۔۔ ہائے ہائے ۔۔۔ مر گیا۔ مر گیا منشی جی کسی دوسرے حکیم کو بلاؤ ۔۔۔ مر گیا ۔۔۔ ہائے۔ (بیہوش)

منشی : حکیم صاحب ۔۔۔ حکیم صاحب ۔۔۔ ارے کیا ہو گیا حکیم صاحب ؟

جمال : معجون دیجئے۔ لخلخہ سنگھائیے۔

منشی : نہیں وہ تو بے ہوش ہو گئے ہیں ۔۔۔ ارے کوئی کچھ کرو ۔۔۔ محلے والو دوڑو۔ دوڑو بھیا بچاؤ انہیں ۔۔۔ ارے کوئی ہے ۔۔۔ کوئی ہے ۔۔۔ حکیم صاحب بیہوش ہو گئے ہیں ۔۔۔ سنبھالو ۔۔۔ سنبھالو انہیں۔

[آواز معدوم ہوتی جاتی ہے ساز بجتا ہے]

خوب ملے یار ہمارے

کردار: نواب صاحب (بزرگ بارعب)۔ بدلو نوکر۔ صوبیدار ادھم سنگھ (بھاری رعبدار آواز) جاوید۔ شمس خاں گھائل۔ مہمان جگن (منمنی اور بوڑھی آواز) ملازم اچھن وغیرہ۔

نواب صاحب: کیوں بدلو۔ اب تو صبح کی گاڑی بھی آگئی ہوگی — کوئی آیا؟

بدلو: حضور صوبیدار صاحب اور جاوید میاں تو آگئے ہیں۔ میں نے انہیں دیوان خانے میں بٹھا دیا ہے۔

نواب صاحب: ٹھیک کیا۔ ہم اب خود وہاں جاتے ہیں — (کچھ یاد کر کے) مگر سنو؟

بدلو: جی سرکار!

نواب: ہماری بندوقوں کی صفائی ہوگئی۔ اور کارتوس وغیرہ سب تیار ہیں نا؟

بدلو: حضور صفائی تو میں نے کل ہی کر دی تھی۔ نئے کارتوس بھی منگوا لئے ہیں۔ آپ بے فکر رہیں سرکار۔

نواب: بس تو تم ڈیوڑھی ہی میں رہو اور دیکھو کہ ہمارے سبھی احباب وقت پر آرہے ہیں یا نہیں۔ ہم اتنے دیوان خانے میں چلتے ہیں ——

(آواز مائیک سے دور ہوتی جاتی ہے، جو کبھی آتا جاتا اسے اندر

بھیجتے رہو۔

بدلو: (بلند آواز) بہتر ہے سرکار ۔۔۔ (خود کلامی) مزا تو اس وقت آئے یار بدلو جب وہ تاش کا جوکر بھی آ جائے ۔۔۔ جمن میاں! وہ، کیا نام ہے؟ جم ۔۔۔ من۔

[قہقہوں اور باتیں کرنے کی ہلکی آوازیں شروع ہوتی ہیں]

نواب: (دور سے مائیک کے قریب آتے ہوئے) کہیے حضرات کیسے مزاج ہیں؟

جاوید: آداب نواب صاحب۔ میں صوبیدار صاحب کے ساتھ بس ابھی ابھی آیا تھا۔

صوبیدار: (بھاری فوجی لہجہ) جی ہاں ۔۔۔ میں نے سوچا کہ بلاوا آیا ہے تو جانا ہی پڑے گا۔ (ہنستا ہے)

نواب: بیٹھئے بیٹھئے ۔۔۔ آپ لوگوں کی ذرہ نوازی ہے جو آ جاتے ہیں۔ صوبیدار اَدھم سنگھ ورنہ اتنی وسیع کوٹھی میں پڑے پڑے ہماری تو بانکی جیسی حالت ہو جاتی ہے۔ اور احباب ہیں کہ کنی کاٹ جاتے ہیں ۔۔۔ کئی بار بلاؤ تب آتے ہیں۔

صوبیدار: (ہنسی کے درمیان) اس بار آپ نے لالچ ہی ایسا دیا ہے کہ آنا پڑ گیا۔

نواب: (ہنس کر) ہاں ۔۔۔ وہ شیر کا شکار! ۔۔۔ میں جانتا ہوں کہ وہ تمہاری دُکھتی رگ ہے۔ جہاں تمہارے کانوں میں شیر کے شکار کی بھنک پڑی اور تم نے بوریا بستر گول کیا اپنا ۔۔۔ [ہنستے ہیں]

صوبیدار: (ہنسی) یہ آپ نے دُکھتی رگ ہی تو پکڑ لی تھی نواب صاحب۔ مجبوراً آنا پڑا۔

جاوید: مگر مزا تو اُس وقت آئے گا جب ہمارے دو پسلی کے عظیم شکاری بھی آ جائیں۔

نواب: جمن میاں! (ہنستا ہے) دعوت نامہ تو انہیں بھی بھیجا ہے ۔۔ مگر دیکھو جاوید، تم میں ایسی بچپن اور کھلنڈرا پن ہے۔ اُن سے زیادہ مزے لینے کی کوشش مت کرنا اور اُن کے آتے ہی مت بتلانا کہ شیر کے شکار کا پروگرام بنایا ہے۔

جاوید: (ہنستا ہے) اُن کی شکل دیکھ کر مزا لینے کو خود بخود دل چاہتا ہے۔ نواب صاحب میری اس زبان میں گدگدی سی ہونے لگتی ہے۔

نواب: زبان کو تو لگام دینی ہی پڑے گی ورنہ وہ ناراض ہو جائیں گے۔

جاوید: مصیبت تو یہ ہے کہ جب اُن کا ذاتی ریڈیو شروع ہو جاتا ہے تو خبروں پر یقین کرنے کو جی نہیں چاہتا۔ [ہنستا ہے، سبھی ہنستے ہیں]

جمن میاں: (منحنی سی لرزیدہ آواز دور سے مائیک کے قریب آتے ہوئے) اماں کس بات پر یقین کرنے کو جی نہیں چاہتا برخوردار ۔۔۔ وہ جو کسی نے کہا ہے آداب عرض نواب صاحب۔

[سب اپنے طور پر اُن کا استقبال کرتے ہیں]

نواب: بھئی خوب آئے جمن میاں ۔۔ آپ ہی کا ذکر خیر ہو رہا تھا۔

جمن: وہ جو کسی نے کہا ہے کہ ۔۔ ذکر میرا مجھ سے بہتر تھا کہ اِس محفل میں تھا۔

[خود ہی ہنستا ہے]

جاوید: ویسے حقیقت بھی یہی ہے۔ آپ بالکل ٹھیک سمجھے۔

جمن: دیکھو میاں جاوید ۔۔ اس کی نہیں ہوگی۔ وہ جو کسی نے کہا ہے کہ آتے ہی ٹانگ لے رہے ہو۔

نواب: بھئی تھوڑی بہت نوک جھونک تو ہونی ہی چاہیئے۔ ورنہ محفل میں رنگ وَنگ کیسے آئے گا۔ (ہنستا ہے)

جمّن: اچھا اچھا ـــ ٹھیک ہے ٹھیک ہے۔ (بلند آواز سے) ارے بھئی اچھّن

اچھّن: (دور سے قریب آتے ہوئے) جی میاں جمّن۔

جمّن: بھئی وہ اپنا لکھنؤ والا قوام ذرا پیلہ میں بھر کر تو دو ـــ واللہ سفر کے باعث طبیعت گری گری ہو رہی ہے۔

اچھّن: ابھی لیجیے سرکار ـــ بدّو سے کہتا ہوں کہ کوئلے بھر کر لے آئے۔

جمّن: ویسے وہ جو کسی نے کہا ہے اچھی محفل جمے گی نواب صاحب۔ ـــ
خوب گذرے گی جو مل بیٹھیں گے ہم دیوانے ـــ (ہنسی)

نواب: ہاں بھئی کافی عرصہ ہو گیا سب احباب ایک جگہ جمع نہیں ہوئے تھے۔

جمّن: بخدا لطف آ جائے گا۔ مرغابیوں کے شکار میں۔

جاوید: یقیناً آئے گا۔ لیکن اگر میری مرضی کے مطابق شکار کر لیا گیا تو اور زیادہ لطف آئے گا۔

جمّن: (حیرت سے) تمہاری مرضی کا کیا مطلب؟

نواب: (جلدی سے) مطلب وطلب کچھ نہیں بھائی ـــ جاوید تو ایسے ہی اوٹ پٹانگ بولتے ہیں۔

صوبیدار: آپ اپنی بندوق لائے ہیں جمّن میاں۔

جمّن: کیوں نہیں لاؤں گا صاحب بندوق۔ وہ جو کسی نے کہا ہے مرغابی کیا بغیر بندوق کے شکار ہو جائے گی!

جاوید: آپ سمجھے نہیں جمّن میاں۔ صوبیدار صاحب کا مطلب یہ ہے کہ شکار پر آپ عموماً دوسروں کی بندوقیں استعمال کرتے ہیں نا۔

جمّن: (ناراضی) کیا فرمایا جاوید میاں نے ـــ ویسے جو کسی نے کہا ہے۔ ہم قرض لے کر مرغابی نہیں مارا کرتے ـــ جی ہاں۔ آپ کو معلوم ہونا

چاہیئے کہ "سو سال سے ہے پیشہ آبا سپہ گری" — کیا کہئے؟

صوبیدار: جی ہاں جی ہاں — معلوم ہے — سب معلوم ہے۔

جمن: اجی کیا خاک معلوم ہے آپ کو۔ وہ جو کسی نے کہا ہے کہ آپ کی طرح جھک نہیں ماری — مچھر کو مسل کر ادھم نہیں مچایا اُدھم سنگھ صاحب

جاوید: آپ تو ناراض ہو گئے جمن میاں!

جمن: بالکل ہو گیا جناب۔ وہ جو کسی نے کہا ہے کہ شکار کرتے وقت بندوق ہمیشہ ہماری ہوتی ہے۔ البتہ کندھا ہم دوسروں کا استعمال کرتے ہیں۔ سمجھے اُدھم سنگھ صاحب!

نواب: اماں چھوڑیئے جمن میاں — آپ زیادہ ناراض مت ہوں۔ دل کا سبھی غبار صوبیدار پر نکال لیں گے تو شکار پہ کیا کریں گے؟

جمن: نہیں حضرت! وہ جو کسی نے کہا ہے کہ ہم اس قسم کی گفتگو کے عادی نہیں ہیں۔ آپ نواب صاحب ہیں تو ہم بھی گرے پڑے خاندان سے نہیں ہیں۔ حضور شیر شاہ سوری جنت مکانی ہماری پچاسویں پیڑھی کے چشم و چراغ تھے — جی ہاں!

صوبیدار: سمجھ آپ حد سے آگے مت بڑھئے۔ میں بھی ایسی گفتگو پسند نہیں کرتا۔ اگر فوج میں ہوتا تو اس وقت آپ کا کورٹ مارشل کر دیتا۔ کیا سمجھے؟

نواب: (پریشان) افوہ! بھئی ہم نے تو آپ کو یہاں میل بیٹھنے کو بلایا تھا اور آپ ہیں کہ ایک دوسرے پر طنز کر رہے ہیں —

گھائل: (دور سے قریب آتے ہوئے ترنم سے)

مہرباں ہو کے بلالو مجھے چاہو جس وقت
میں گیا وقت نہیں ہوں کہ پھر آبھی نہ سکوں

جمن: (ایکدم خوش ہوکر) آخاہ! یار بسمل گھائل ۔۔۔ بھئی خوب موقع پر آئے بخدا۔۔۔

گھائل: آداب عرض نواب صاحب۔ غالباً خادم کی ہی کسر تھی اِس محفل میں!

جمن: کسر؟ (ہنستا ہے) وہ جو کسی نے کہا کہ ۔۔۔ لاحول ولا قوۃ یہ کون بشر ہے۔ ہے صورتِ لنگور فقط دُم کی کسر ہے۔ تو وہی بات ہے بسمل صاحب۔

[ہنستا ہے]

گھائل: ہم تو آئینہ ہیں جمن میاں ۔۔۔ ہم میں اپنی صورت مت دیکھئے واللہ۔

[سب ہنستے ہیں]

جاوید: (قہقہہ) لنگور والی پھبتی کا جواب خوب دیا آپ نے۔

نواب: بخدا ایسی باتیں سننے کو کان ترس گئے تھے۔ (ہنسی)

گھائل: نواب صاحب آپ کی حویلی اور ڈیوڑھی تو اب بہت شاندار ہوگئی ہے ۔۔۔ واہ! وا ۔۔۔ خوب خوب۔

نواب: پسند آئی تمہیں ۔۔۔ یہ دیوان خانہ اور ڈیوڑھی دوبارہ تعمیر کرائی ہے میں نے ۔۔۔ کیسی ہے؟

گھائل: نہ پسند آنے کی کیا بات ہے ۔۔۔ اِس ڈیوڑھی پہ کون مرجائے اے خدا۔ لیکن ......

نواب: (تشویش) لیکن کیا ۔۔۔؟

گھائل: لیکن یہ قبلہ نواب صاحب کہ ڈیوڑھی کے دروازے بہت چھوٹے ہیں۔

جمن: میاں تمہارا دماغ تو ٹھیک ہے ۔۔۔ اُن دروازوں سے وہ جو کسی نے کہا ہے ہاتھی تک نکل جائے۔

گھائل: ہاتھی! ۔۔۔ اماں اُس میں سے تم جیسا چھچھوندر بھی ہمت سمٹا کر نکلے گا۔

نواب: کمال ہے بھئی۔ وہ دروازے تو بہت بڑے ہیں بسمل خاں صاحب۔

گھائل: نہیں نواب صاحب دروازے واقعی بہت چھوٹے ہیں۔ گستاخی معاف نواب صاحب مرنا جینا تو سب کے ساتھ ہی لگا ہوا ہے۔

جاوید: یعنی اِس سے آپ کا کیا مقصد ہے!

گھائل: ابھی عرض کرتا ہوں ـــــ مرنے جینے کے بارے میں یہ کہہ رہا تھا کہ موت سے کسی کو رستگاری ہے۔ آج وہ کل تمہاری باری ہے۔

جمن: (غصہ) ہائیں! وہ جو کسی نے کہا ہے ایسے موقع پر اِس شعر کی کیا تک ہے؟ تمہارا مطلب کیا ہے؟

گھائل: مطلب بتاتا ہوں بھائی جمن۔ ناراض ہونے کی ضرورت نہیں (نواب سے) ویسے نواب صاحب یہ حقیقت ہے کہ اگر خدانخواستہ آپ کبھی انتقال فرما گئے تو آپ کا جنازہ بہت مشکل سے نکلے گا اِن دروازوں میں سے

نواب: (بے حد غصہ) ہوں! ـــ یعنی یہ آپ نے مکان کی تعریف کی ہے!

جمن: آپ بالکل ہی گھامڑ ہیں گھائل صاحب۔ نواب صاحب نے ایک سال کے بعد بلایا ہے اور آپ یہ بدشگونی لے بیٹھے!

صوبیدار: شاعروں کے دماغوں پر ہر وقت برف جمی رہتی ہے۔ عقل سے کورے ہوتے ہیں۔ فوج میں ہوتے تو بھگوان قسم اِسی بات پہ کورٹ مارشل کر دیتا۔

جاوید: قطعی۔ یہ حضرت اِسی قابل ہیں۔

گھائل: میں معافی چاہتا ہوں نواب صاحب اگر آپ کی دل شکنی ہوئی ہو تو!

صوبیدار: بندوق سے نکلی ہوئی گولی کبھی واپس آئی ہے؟

جمن: (خوشامد) جناب نواب صاحب آپ قطعی دل برداشتہ نہ ہوں۔ وہ جو کسی نے کہا ہے کہ گھائل صاحب کا پیمانہ دراصل بہت چھوٹا ہے۔ دروازوں کو چھوڑ ا

کہہ رہے ہیں۔ ورنہ حقیقت عرض کروں؟

نواب: (بیزاری) ہوں ---- کہئے کہئے۔

جمن: جناب وہ جو کسی نے کہا ہے کہ دروازے اتنے بڑے ہیں اتنے بڑے ہیں کہ جناب آپ کا ہی کیا پورے خاندان کا جنازہ بھی اِن میں سے ایک ساتھ بڑی آسانی سے گذر سکتا ہے۔

نواب: (غصہ) ---- کیا ---- کیا فرمایا آپ نے؟

جمن: اوہ! نہ جانے کیا بک گیا۔ وہ جو کسی نے کہا ہے کہ زبان کم بخت پھسل گئی ---- لاحول ولا قوۃ!

نواب: (غصہ) میں نے کیا آپ سب کو یہاں اسی لئے بلایا ہے کہ میرے مونہہ پر میری ہی موت کی باتیں کریں!

جمن: بھائی نواب صاحب قبلہ ---- میں تو کم بخت بالکل گدھا ہوں۔ وہ جو کسی نے کہا ہے کہ جنازہ نکلے آپ کے دشمنوں کا۔

گھائل: جی ہاں، اُسکے پیچھے اگر میرا بھی نکل جائے تو کوئی مضائقہ نہیں۔

جاوید: تاکہ ہم بھی شان سے کہہ سکیں کہ وہ جمن کا جنازہ ہے ذرا دھوم سے نکلے۔ (ہنستا ہے)

صوبیدار: اب تو غصہ تھوک دیجئے نواب صاحب ---- اب تو بیچارے گھائل کا جنازہ بھی نکل گیا ---- یقین مانیئے گا کہ ان دونوں کو گولی سے اُڑا دیتا ---- مگر مجبور ہوں کہ ریٹائر ہو چکا ہوں۔

گھائل: میں معافی مانگ چکا ہوں نواب صاحب۔

جمن: میں بھی مانگ رہا ہوں۔ وہ جو کسی نے کہا ہے آخر مذاق تو دوستوں سے کیا ہی جاتا ہے۔

نواب: کبھئی اب مجھے زیادہ شرمندہ کبھی مت کیجئے ــــ ناشتہ آگیا ہے، شروع کیجئے ــــ بسم اللہ!

جمن: خوش ہو کر) جیتے رہئیے۔ نواب نزاکت علی خاں قیامت تک جیتے رہئیے۔

اچھن: دُور سے آتے ہوئے) جمن میاں سرکار ــــ لکھنؤ کا قوام اور خمیرہ ملا ہوا تمباکو چلم میں حاضر ہے ــــ یہ لیجئے۔

صوبیدار: حیرت) اس ماڈرن زمانے میں یہ کچھ عجیب سی چیز لگتی ہے۔ حُقّے سے یہ نے اتنی دُور کیوں ہے؟ ــــ کیوں بھئی جمن۔؟

جمن: (حُقّہ گڑگڑاتے ہوئے) آپ نہیں سمجھ سکیں گے جناب۔ حقّے سے نے تین میٹر دور ہے حفت۔

جاوید: آخر اسکی وجہ؟

جمن: بھائی ڈاکٹروں نے صحیح تمباکو سگرٹ سے کافی دُور رہنے کے لئے کہا ہے۔

صوبیدار: اسی لئے تم تین میٹر دُور ہوا ــــ

گھائل: سبحان واہ! کیا منطق ہے۔ [ہنستا ہے۔ سب ہنستے ہیں] موقع تو نہیں ہے لیکن اسی موقع کا ایک شعر حضرت بہادر شاہ ظفر کے لئے کسی نے کہا تھا۔ جمن میاں حالانکہ اس عزت کے لائق نہیں۔ بہرحال پیش خدمت عرض کرتا ہوں۔

جاوید: ارشاد ارشاد!

گھائل: فرمایا ہے کہ ــــ حُقّہ جو ہے حضور مُعلّیٰ کے ہاتھ میں۔ گویا کہ کہکشاں ہے ثریا کے ہاتھ میں

جاوید۔ اچھن
صوبیدار } واہ واہ ــــ کیا خوب شعر ہے۔

جمن: مگر جناب وہ جو کسی نے کہا ہے فلم سٹار ثریا تو حُقّہ نہیں پیتی تھیں؟

گھائل: لاحول ولا قوۃ! ــــ یار بالکل ہی گھامڑ ہو جمن میاں۔ تم شعر سمجھے ہی نہیں۔

اچھن: ہی ہی ہی — میں سمجھ گیا نواب صاحب — کئی بار چڑیا گھر میں دیکھا ہے۔

[سب ہنستے ہیں]

نواب: بھئی واہ — شعرا در چڑیا گھر کا جواب نہیں۔

جمن: (تنبیہہ والا لہجہ) اچھن!

اچھن: جی میاں جمن۔

جمن: بکواس کر کے خاموش بیٹھ جاؤ اور نیلم کے کونلوں کو ذرا کریدڈالو — سمجھے۔

جاوید: (چسکی لیتے ہوئے) چائے بہت نفیس ہے نواب صاحب۔ بخدا روح تازہ ہوگئی۔ آپ کو یاد ہوگا کہ ایک بار جنگل میں ہمیں خاں صاحب کے ڈیرے میں بھی ایسی ہی چائے پینے کو ملی تھی۔

نواب: (یاد کرتے ہوئے) کہاں کی بات کر رہے ہو؟

جاوید: اُسی سال بَن کی نواب صاحب جہاں پر شیر آگیا تھا! اور سبھی لوگ ڈر کر بھاگے تھے۔

جمن: (مذاق اڑانے والے لہجے میں) بھاگے تھے — یعنی وہ جو کسی نے کہا ہے شیر سے ڈر کر بھاگے تھے۔؟

جاوید: جی ہاں — شیر سے ڈر کر — کیوں کیا بات ہے؟

جمن: (طنزیہ ہنسی) سُن رہے ہو اچھن۔

اچھن: سُن رہا ہوں میاں جمن — سُن رہا ہوں، اور دل ہی دل میں ہنس رہا ہوں۔

گھائل۔ (حیرت) بندۂ خدا آخر اس میں ہنسنے کی کیا بات ہے؟

جمن: بات ہنسنے کی ہے۔ (ہنستا ہے) ہاں وہ جو کسی نے کہا ہے کہ کیا شیر بھی ایسا جانور ہے جس سے ڈرا جائے اور ڈر کر بھاگ لیا جائے۔؟

جاوید: (حیرت) تو کیا آپ شیر سے نہیں ڈرتے!

جمّن: کیا احمقانہ باتیں ہیں جاوید میاں ـــ شیر کا شکاری اور شیر سے ڈرے ـــ تُف ہے ایسی بزدلی پر۔

صوبیدار: (طنزیہ) تم اور شیر کے شکاری! (ہنسی) تم نے بھی شاید چڑیا گھر میں ہی شیر دیکھا ہوگا۔

نواب: نہیں بھئی یہ اصلی جنگلی والے شیر کی بات کر رہے ہیں۔

جمّن: بخدا تم ہمارے مونھ مت آؤ صوبیدار ـــ یہ جنگ کا میدان نہیں ہے جس میں ڈر کر فوجی پیچھے ہٹ جاتے ہیں اور اُسے مصلحت قرار دے دیتے ہیں۔ حضرت یہ جنگل ہے جنگل، جہاں مجھ جیسا بہادر شکاری شیر کے تعاقب میں اُسکے پیچھے پیچھے جاتا ہے۔ جی ہاں۔

گھائل: بہادر شکاری۔ (طنزاً ہنستا ہے) جناب مکڑیوں کا شکار کیا ہوگا آپ نے۔

جمّن: مذاق نہیں بسمل خاں۔ وہ جو کسی نے کہا ہے کہ ایک نہ دو بلکہ کئی ہزار شیروں کا خاتمہ کر دیا ہوگا ابتک ـــ کیوں اچھّن؟

اچھّن: بجا فرمایا میاں جُمّن۔

جمّن: صوبیدار اُدھم سنگھ! دوبارہ کہتا ہوں کہ یہ میدان جنگ نہیں جہاں سے ریٹائر ہو کر آگئے ـــ ارے ہم جیسے سورما کو دیکھو!

جاوید: دیکھ رہے ہیں دیکھ رہے ہیں۔

جمّن: (فخریہ لہجہ) وہ جو کسی نے کہا ہے کہ بچپن سے لیکر ابتک شیروں ہی سے آنکھیں لڑائی ہیں ـــ کیوں اچھّن؟

اچھّن: ٹھیک فرمایا میاں جُمّن!

جاوید: ارے بھئی تو ملازم ہے کہ رفوگر ـــ ہر بات میں رفو کرتا ہے۔

اچھن: حضور کام ہی اپنا یہ ہے۔ سرکار جمن کا نوکر ہوں۔ اُن کی ہر بات کی گواہی تو دوں گا ہی۔ (ہنستا ہے)

نواب: خیر خیر — یہ کیا باتیں لے بیٹھے آپ لوگ۔ میرا خیال ہے کہ ناشتے کے ساتھ ساتھ کوئی قصہ بھی ہو جائے۔ ذرا مزا رہے گا۔

جاوید: جی ہاں۔ ناشتے کا لطف دو بالا ہو جائے گا — بہتر تو یہی ہے کہ شبیر کا ہی کوئی قصہ ہو — کیوں نواب صاحب؟

نواب: بالکل درست کہا جاوید — ہم بھی یہی کہنے والے تھے۔

گھائل: نہیں جناب اِسکی نہیں ہوگی۔ فی البدیہہ عرض ہے۔ ؎

قصہ تو اسدِ خوں خوار کا نہ چھیڑا ے دوست
نہ سنا جائے گا ہم سے یہ فسانہ ہرگز۔

نواب: (خوش ہو کر) واہ! خوب کہا بسمل غالب گھائل۔ واہ وا۔ واہ وا۔

[اور سب بس داد دیتے ہیں]

صوبیدار: شاعر کو تو موقع ملنا چاہیئے۔ بندوق کی گولی کی طرح حلق سے ایک سیکنڈ میں شعر خارج ہو جاتا ہے۔

جاوید: جمن صاحب آپ اِدھر اُدھر دھیان ہی نہ دیجیئے۔ بلکہ شیر کے شکار کا کوئی واقعہ سنا ڈالیئے۔

گھائل: ہاں ہاں کیوں نہیں — جب شیر دہاڑے گا تو ہم سب ڈر کر خاموش ہو جائیں گے — فرمایئے فرمایئے جمن میاں۔

نواب: ہاں جمن میاں — شروع ہو جاؤ۔

جمن: شروع ہو جاؤں گا نواب صاحب لیکن وہ جو کسی نے کہا ہے کہ آپ نے ایسے ناقدر شناس لوگوں کو کیوں بُلا لیا جو خواہ مخواہ بیچ میں ٹانگ

اُڑا دیتے ہیں۔ ہم نے شیر بھی دیکھے ہیں اور اُن کا شکار بھی کیا ہے۔ بڑے بڑے راجہ مہاراجہ ہمیں شکار پر ساتھ لے چلنے کے لئے خوشامد کیا کرتے تھے۔ مگر ہم نہیں جاتے تھے۔ اب کون ان لوگوں کو یہ بات سمجھائے؟

اچھن : میں جانتا ہوں ـــ میں اِس کا گواہ ہوں۔

جمن : اور اگر پہلے سبھی جانتے تھے تو وہ جو کسی نے کہا ہے کہ کیا مجال شیر کی کہ وہ ہم سے آنکھ ملالے ـــ چٹکی میں مسل کر رکھ دیا چٹکی میں کیوں اچھن غلط تو نہیں کہا۔؟

اچھن : درست فرمایا میاں جمن ـــ لیکن آپ حاضرین کو وہ واقعہ تو سنائیے جب آپ نے ایک شیر کو سبق دیا تھا۔

جمن : (گھبرا کر) کون سا واقعہ؟

اچھن : (معنی خیز انداز میں کھنکار کر) وہی ـــ وہی واقعہ ـــ یعنی آپ سمجھے نا۔

جمن : (سمجھتے ہوئے) اچھا وہ ـــ (ہنس) اب کیا سناؤں ـــ بار بار سُنا چکا ہوں لوگوں کو۔

نواب : ارے بھئی ہمیں بھی تو سنا دیجئے۔ ہم نے تو نہیں سُنا۔

جاوید : سُنا بھی دیجئے صاحب۔ اتنا اہم واقعہ ہمیں ضرور سنائیے۔

نواب : یہاں سے اُٹھ کر ہال میں چلیں۔ وہاں سُنا دیجئے۔

جاوید : (گھبرا کر) نہیں نہیں۔ ہال میں جانے کی کیا ضرورت ہے۔ وہاں تو بعد میں جائیں گے۔ یہاں دھوپ ذرا اچھی لگ رہی ہے۔

گھائل : سناؤ جمن میاں، ممکن ہے کہ میں اُس واقعہ پر بھی کوئی شعر کہہ سکوں۔

جمن : (کسر نفسی کے ساتھ) اب ایسی کوئی خاص بات تو نہیں ہے ...

نہ جو کسی نے کہا ہے کہ شیر تو ویسے بھی مجھ سے ڈر کر بھاگ جایا کرتے ہیں۔ (فخریہ ہنسی)

گھائل: مجھے اِس کا یقین آگیا۔ ایسا ہی ہوتا ہوگا۔ شیر یقیناً ڈر کر بھاگ جاتا ہوگا۔ مچھر نے تو طاقتور نمرود کو بھی پریشان کردیا تھا۔ میاں جمن

جمّن کیا مطلب، یعنی آپ کو یقین نہیں آتا کہ شیر مجھ سے ڈر کر بھاگ جاتا ہے۔

اچھن: ایک بار نہیں سرکار! ——— کئی بار بھاگ چکا ہے۔ میں نے اپنی آنکھوں سے دیکھا ہے۔

گھائل: بہت باریک رفو کیا ——— شاباش!

جاوید: خیر چھوڑیئے ——— ہاں تو جمّن صاحب شروع ہو جایئے۔ ہم سب ہمہ تن گوش ہیں۔ فرمایئے۔

جمّن: ایسا ہوا کہ میں سال بن میں مہاراجہ چوپٹ راج کے ساتھ شیر کے شکار پر گیا ہوا تھا۔

گھائل: ہمیں یہ سُن کر بیحد خوشی ہوئی۔ شیر کے شکار پر جانے کے لئے بھی شیر جیسا دل چاہیئے۔

جمّن: ہاں یہ بات تو ہے ——— ہاں تو پھر ایسا ہوا کہ تیز دھوپ سے بچنے کے لئے ایک گھنے درخت کی چھاؤں میں سستانے کے لئے بیٹھ گیا۔

گھائل: افسوس! ؎

بس یہی ایک شکاری میں کمی ہوتی ہے
بیٹھ جاتا ہے جہاں چھاؤں گھنی ہوتی ہے

جاوید۔ نواب: (داد دیتے ہوئے) واہ وا ——— خوب شعر کہا بھائی گھائل۔

جمن : (برا مان کر) آپ ذرا اپنی چونچ بند رکھئے ــــ وہ جو کسی نے کہا ہے بات بے بات پر بکواس مت کیجئے ۔ سمجھے آپ ؟

گھائل : بالکل سمجھ گیا ــــ ہاں تو فرمائیے پھر کیا ہوا ــــ بیان جاری رہے جمن صاحب ۔

جمن : توجہ سے سنئیں ــــ صبح کا وقت تھا ۔ میں نے سوچا کہ ندی کے کنارے جاکر ذرا ڈنڈ پیل لوں ۔ جسم کے کس بل نکل جائیں گے ۔

جاوید : بیحد ضروری چیز تھی یہ ــــ ڈیڑھ پسلیوں کے کس بل تو نکلنے ہی چاہئے تھے ــــ جی، پھر ؟

جمن : بس جی ــــ جیسے ہی آگے بڑھا کیا دیکھتا ہوں کہ سو فٹ لمبا ایک شیر پانی پی رہا ہے ۔

جاوید : (تعجب) سو فٹ لمبا شیر !

جمن : (فخریہ) جناب ! ویسے اس سے کچھ لمبا ہی تھا ۔

گھائل : (حیرت) اتنا لمبا شیر ــــ بھلا ایسا کیسے ہو سکتا ہے ۔؟

جمن : ہو سکتا ہے کا کیا مطلب ! ــــ ارے ہئی ہوا ہے ۔

صوبیدار : ہم نے جنگ کے زمانے میں ہزاروں جنگلوں کی خاک چھانی ۔ مگر ہم نے تو اتنا لمبا شیر کہیں نہیں دیکھا ۔

اچھن : خدا کی قدرت ہے میاں ۔ وہ جو چاہے پیدا کر سکتا ہے ۔ جس کو جتنی لمبائی چاہے دے سکتا ہے ۔

نواب : لیکن بھئی جمن ۔ تم اس شیر کو تھوڑا سا چھوٹا نہیں کر سکتے ؟

گھائل : (خوش ہوکر) واللہ ! میرے منہ کی بات چھین لی نواب صاحب ۔ میں بھی یہی کہنے والا تھا ۔

جمن : اگر آپ لوگوں کی خوشی اِسی میں ہے تو سمجھ لیجئے نناوے فٹ لمبا تھا۔ اب تو ٹھیک ہے؟

جاوید: کہاں ٹھیک! تھوڑا سا اور چھوٹا ہونا چاہیئے۔

جمن : (سوچتا ہے) خیر وہ جو کسی نے کہا ہے کہ تمہارا دل کیوں چھوٹا کروں۔ نوے فٹ لمبا ـــ بس؟

گھائل: بھائی آپ کا گز کچھ ضرورت سے زیادہ ہی لمبا ہے۔ تھوڑا چھوٹا اور ہو جائے تو بات آگے چلے۔

جاوید: اسّی فٹ گھائل صاحب ـــ چلے گا۔؟

نواب: اتنی کنجوسی بھی کس کام کی ـــ کام تو پچاس فٹ سے بھی چل جائے گا۔

صوبیدار: چلیئے ہوگیا پچاس فٹ ـــ ہاں بھئی جمن پھر؟

جمن : (تعجب) کمال ہے ـــ شکاری میں، شیر میرا اور چھوٹا آپ لوگ کئے جا رہے ہیں ـــ نہیں ایسا نہیں ہو سکتا۔

جاوید: (خوشامد کرتے) کیجئے جمن صاحب ـــ شیر کوئی سامنے تھوڑا ہی کھڑا ہے۔ اللہ کا نام لیکر کر دیجئے چھوٹا۔

جمن : (غصہ) اگر سامنے آ بھی جائے تو کیا میں ڈرنے والا ہوں ـــ چلو پچاس فٹ پر بات طے ہوگئی۔

گھائل: لو بھئی حاتم کی قبر پر لات ماردی جمن صاحب نے!

صوبیدار: بات تو یہی ہے۔ ویسے اگر تھوڑا سا چھوٹا اور ہو جائے تو میں تصوّر کی آنکھ سے دیکھ بھی لوں گا۔

جمن : وہ جو کسی نے کہا ہے کہ پریشان کردیا آپ لوگوں نے ـــ پچیس فٹ!

اب بالکل کم نہ ہوگا۔

جاوید: دیکھ لیجئے — اگر گنجائش ہو تو کیا مضائقہ ہے۔

جُمّن: (بیحد غصہ) بس بس — خبردار جواب کوئی بولا۔ چھوٹا کرائے جارہے ہیں چھوٹا کراتے جارہے ہیں — اماں آپ حضرات نے شیر دیکھے بھی ہیں تین تین سو گز لمبے ہوتے ہیں۔ تین تین سو گز لمبے۔

گوسائیں: سہ

اتنی نہ بڑھا یار تو شیروں کی جسامت
جُثّہ کو ذرا دیکھ ذرا اپنی وضع دیکھ

جمّن: بھئی آپ کا یہ بے وقت کا مشاعرہ ہمیں بہت تکلیف پہنچا رہا ہے۔ بسمل صاحب۔

نواب: ارے بھئی چھوڑیئے، بسمل صاحب کی تو عادت ہے موقع بے موقع مہمل شعر پڑھنے کی — آپ آگے کہیئے کیا ہوا؟

جُمّن: جناب نواب صاحب ہونا کیا تھا۔ میں نے ندی میں سے چُلّو بھر پانی لے کر اُس خبیث کے مونہہ پر پھینکا — وہ چیختا چلّاتا جنگل میں واپس چلا گیا — ندامت سے عرق عرق ہوگیا کم بخت۔

صوبیدار: (حیرت) واقعی! کیا آپ سچ کہہ رہے ہیں؟

جُمّن: یقین نہ آئے تو اچھّن سے پوچھ لیجئے — کیوں اچھّن؟

جاوید: بتاؤ بھئی اچھن بتاؤ۔

اچھّن: کیا بتاؤں صاحب — میاں کی بہادری کا تو میں پہلے ہی سے قائل ہوں۔ میں تو اتنا جانتا ہوں کہ جنگل میں تھوڑی دور پر ہی وہ شیر مجھے بھی ملا تو جناب میں نے اسکی مونچھیں چھو کر دیکھیں — سب کی سب گیلی تھیں۔

ہوشیار: واہ ــــ اِسے کہتے ہیں سیر کو سوا سیر۔

اچھن: سیر نہیں سرکار ــــ شیر شیر۔

جاوید: یار اچھن رفوگر ہو تو ایسا ہو۔ حقِ رفوگری ادا کردیا۔ واہ وا، واہ وا۔

جُمّن: (ناراضی سے) میاں تم پھر بولے۔ قصّہ سننا ہے تو سُنو ورنہ باہر چلے جاؤ۔

نواب: جمّن صاحب آپ ان کی ایک نہ سُنیئے۔ قصّہ بھی سُناتے رہیئے اور ناشتہ بھی کرتے رہیئے۔

جمّن: وہ تو کر ہی رہا ہوں ــــ ذرا اُبلے ہوئے انڈے اٹھا دیجئے ــــ ہاں اچھن، میں کیا کہہ رہا تھا۔

اچھن: میاں پھر آپ شیر کے تعاقب میں جنگل کے اندر گھُستے چلے گئے۔

جمّن: بالکل درست! ہاں تو صاحبان جب میں جنگل میں پہنچا تو ایک نہ دو پورے بیس شیر مقابلے پر آ گئے۔

جاوید: یا اللہ خیر!

جُمّن: میں نے اشارے سے کہا کہ یہ کیا بہادری ہے۔ ہمّت ہے تو ایک ایک کرکے آؤ۔

نواب: بھئی واہ۔ آپ کی بہادری کا تو جواب نہیں۔ کیسے للکارا ہے شیروں کو۔

جمّن: بس نواب صاحب جیسے ہی پہلا شیر آگے بڑھا، میں نے اُس کے جبڑے میں ہاتھ ڈال کر مونہہ چیر ڈالا۔

ہوشیار۔ مجھے یقین آتا جارہا ہے ــــ آگے کہو

جُمّن: اِسی طرح اُنیس شیر اپنے کیفر کردار تک پہنچے۔ لیکن بیسویں شیر کو میں نے سبق دینے کے لئے زندہ چھوڑ دیا!

جاوید: (حیرت) چھوڑ دیا! ــــ یعنی زندہ چھوڑ دیا!

جُمّن: ہاں۔ لیکن کس حالت میں یہ پوچھیئے پوچھیئے۔؟

گھائل: کس حالت میں بھئی؟

جُمّن: جیسے ہی وہ میرے قریب آیا، میں نے پینترہ بدل کر اُس کے مونہہ میں ہاتھ ڈال دیا۔ اور پھر اپنا ہاتھ بڑھاتے بڑھاتے اُس کی دُم تک لے گیا اور پھر اندر سے اُس کی دُم پکڑ کر کھینچ لی۔

صوبیدار: جواب میں شیر نے بھی تمہاری دُم پکڑ لی ہوگی۔

جُمّن: (غصہ) خاموش — بکواس کم۔

جاوید: آپ بولتے رہیئے۔ پرواہ مت کیجئے۔

جُمّن: تو صاحبان! میں نے شیر کی دُم یوں پکڑ کر کھینچ لی جس طرح موزے کے اندر ہاتھ ڈال کر اُسے اُلٹا کر لیتے ہیں۔

جاوید: بھئی واہ — کمال ہے۔ کیا مثال دی ہے۔

جمن: بس جناب شیر اُلٹا ہو گیا۔ بال اندر چلے گئے اور وہ جو کسی نے کہا ہے کھال باہر آگئی۔ اُلٹا شیر دہاڑیں مارتا ہوا جنگل میں بھاگ گیا۔

[سب ہنستے ہیں۔ داہ واہ کمال ہے۔ خوب خوب کا شور]

نواب: حیرت ہے جمّن میاں۔ اتنے عرصے کی دوستی ہے مگر آج معلوم ہوا کہ آپ شیر کے اتنے بڑے شکاری ہیں!

صوبیدار: مگر یہ بھی بتاؤ کہ تمہاری آنکھ کب کھُلی؟

جمّن: (غصے سے) کیا مطلب؟

نواب: کچھ نہیں کچھ نہیں۔ آپ آگے فرمایئے۔

جمّن: کیا کہوں نواب صاحب، ہر منٹ کے بعد تو یہاں ٹوکنے والے موجود ہیں، سمجھتے ہیں ہم خواب کی باتیں کر رہے ہیں۔

جاوید: فکر مت کیجئے ہم تو سن رہے ہیں اور یقین بھی کر رہے ہیں۔

اچھن: سرکار جمن میاں ــــ وہ گولی والی بات ــــ وہ تو رہ ہی گئی۔

(معنی خیز انداز میں کھنکارتا ہے)

جمن: وہ ــــ ہاں وہ بات! مگر چھوڑو اچھن۔ ناقدر شناسوں کی محفل ہے بھئی، پھر مذاق اڑائیں گے۔

جاوید: دیکھئے یہ بات تو غلط ہے۔ میں تو ہمہ تن، خرگوش، ہوکر سن رہا ہوں۔ یعنی کانوں کو اوپر آپ کی طرف کرکے۔ سنائیے سنائیے وہ گولی والا واقعہ کیا ہے؟

صوبیدار: ہاں ــ نہ جانے پھر کب ملاقات ہو، شیر کے اتنے بڑے شکاری ہیں! سنا بھی ڈالو یار۔

نواب: ہاں جمن میاں ــــ ہم بے صبری سے انتظار کر رہے ہیں۔ فرمائیے۔

جمن: ایسی کوئی خاص بات تو نہیں ہے۔ لیکن وہ جو کسی نے کہا ہے کہ ایک بہت بڑے شیر سے مقابلہ ہو گیا تھا۔

گھائل: میں یہ ہرگز نہیں پوچھوں گا کہ شیر کی لمبائی کتنی تھی۔؟

جمن: میں بھی بتا نہیں رہا حضرت ــــ ہاں نواب صاحب میں کیا کہہ رہا تھا؟

نواب: آپ کہہ رہے تھے کہ آپ کا مقابلہ ایک بہت بڑے شیر سے ہو گیا تھا۔

جمن: جی ہاں ــ وہ جو کسی نے کہا ہے کہ ہم دونوں کافی دیر تک ایک دوسرے سے آنکھیں لڑاتے رہے۔ میرے پاس ایک خاص قسم کی گولی تھی اور یہ گولی میرے جد امجد حضرت شیر شاہ سوری جنت مکانی کی ہمارے ہاں پشت در پشت چلی آرہی تھی۔

گھائل: یقیناً ــ خاندان ہی جو بہادروں کا ٹھہرا۔ جی پھر؟

جمّن : پھر یہ ہوا بھائی کہ میرے للکارتے ہی شیر دُم دبا کر بھاگا — میں نے اچانک گولی چلا دی — اب وہ جو کسی نے کہا ہے کہ کبھی شیر آگے تو گولی پیچھے، کبھی گولی آگے تو شیر پیچھے۔

[سب تعریف و توصیف کرتے ہیں]

جس طرف شیر مڑتا گولی بھی اُدھر مڑ جاتی — ایسا ہی ہوتا رہا — اور نواب صاحب آج اس واقعہ کو رونما ہوئے بیس سال ہو چکے ہیں۔ مگر.....

سب ایک ساتھ : —— مگر کیا — ؟

جمّن : مگر یہ کہ شیر لگاتار بھاگتا جا رہا ہے اور گولی برابر اُس کا تعاقب کر رہی ہے — کیوں اچھن — ؟

اچھن : ٹھیک لائن پر جا رہے ہیں میاں جمّن۔

جاوید : پھر — پھر کیا ہوا — ؟

جمّن : اماں ہونا کیا تھا۔ چند دن پہلے سُنا ہے کہ شیر ایک جھونپڑی میں ڈر کر چھُپ گیا ہے اور اُس نے اندر سے دروازہ بند کر لیا ہے لیکن میری بندوق سے نکلی ہوئی شیر شاہی گولی آج بھی جھونپڑی کے دروازے کے باہر کھڑی ہوئی کواڑوں پر دستک دے رہی ہے، مگر شیر کم بخت باہر ہی نہیں نکلتا۔ جان کا جو ڈر ہے نامراد کو — !

[سب تعریف اور واہ واہ کرتے ہیں]

نواب : (ہنستے ہوئے) بخدا جمّن میاں آپ تو شیر کے شکاریوں کے اُستاد معلوم ہوتے ہیں۔

صوبیدار : (بیزاری سے) اُستاد ہوں یا کچھ اور — مگر یہ ابھی تک معلوم نہ ہو سکا کہ آنکھ کب کھُلی ان کی ؟

جمن: دیکھئے ہوشیار صاحب بخدا میں لحاظ کر رہا ہوں ورنہ وہ جو کسی نے کہا ہے کہ آپ اگر شیر کو دیکھ لیں تو سٹّی گم ہو جائے۔ کیوں اچھن؟

اچھن: بالکل درست فرمایا میاں جمن،

نواب: خیر آپ فکر مت کیجئے جمن صاحب۔ ہوشیار صاحب کی بہادری بھی معلوم ہو جائے گی۔ اس وقت تو یہ آپ سے مذاق کر رہے ہیں۔ لیکن کل صبح جب شیر کے شکار پر چلیں گے تو ان کو بھی دیکھ لیں گے۔

جمن: (گھبرا کر) یعنی۔۔۔ یعنی۔ وہ جو کسی نے کہا ہے کل آپ شیر کے شکار پر جا رہے ہیں!

جاوید: کسی نے نہیں کہا، نواب صاحب خود بہ نفسِ نفیس تشریف لے جائیں گے۔

جمن: (اطمینان سے) اچھا تو آپ خود ہی جا رہے ہیں!

نواب: نہیں بھئی ہم سب ہی چلیں گے۔ ذرا لطف رہے گا۔

جمن: (گھبرا کر) سب کا مطلب ہے یعنی ہم سب!

جاوید: (تمسخرانہ انداز) ہاں ہاں صاحب ہم سب چل رہے ہیں۔ شیر جیسے معمولی جانور کے شکار پر اور آپ جیسے بہادر شکاری کے ساتھ۔

گھائل: وہاں آپ کو بھی اپنا کمال دکھانے کا موقع مل جائے گا۔۔۔ خوب خوب آنکھیں لڑیں گی شیر دل سے۔۔۔ جی ہاں۔

جمن: (گھبراہٹ) یہ تو۔۔۔ یعنی۔۔۔ وہ جو کسی نے کہا ہے کمال ہو گیا۔۔۔ لیکن نواب صاحب یہ آپ کو بیٹھے بٹھائے کیا مذاق سوجھا ہے کہ اچانک شیر کے شکار کیلئے کمر باندھ لی۔۔۔ (پریشانی سے) اگلی آواز؟ اچھن؟

اچھن: مر گئے میاں جمن!

جاوید: ویسے ہوشیار صاحب آپ کو یہ علم تو ہوگا ہی کہ شیر انسان کو کیسے کھاتا ہے۔

میرا مطلب ہے کہ ایکدم جھپٹ کر پکڑ لیتا ہے یا اس طرح کھیلتا ہے جیسے بلی چوہے سے کھیلتی ہے؟

صوبیدار: پتہ نہیں — اب جمن میاں کو نوٹس فرمائے گا تبھی پتہ چلے گا۔

جمن: (خوف سے چلاّ کر) اماں چپ رہو — یہ کیا بدشگونی کی باتیں کرتے ہو — سجدا پورا جسم سُن ہو کر رہ گیا۔

جاوید: اچھا تو میں ذرا بندوق صاف کرلوں — شیر کے لئے تو نواب صاحب ایل جی کارتوس رکھ لوں نا؟

گھائل: میرے خیال میں تو کارتوس ضائع کرنے کی بھی ضرورت نہیں۔ جمن میاں تو شیر کے مونہہ میں ہاتھ ڈال کر جبڑہ چیر کر رکھ دیں گے۔

جمن: (گھبرا کر) نہیں نہیں حضرت — وہ شیر تو اور تھا جس کا میں نے جبڑہ چیر دیا تھا۔ اُس نے شاید اپنے دانت نکلوا رکھے تھے، مگر خونخوار شیر کے دانت تو بہت تیز ہوں گے! — نوکیلے دھار والے۔

جاوید: اجی چھوڑیئے بھی — دانت توڑ کر رکھ دیجئے گا کم بخت کے — تو پھر نواب صاحب کارتوس نہ لوں؟

جمن: ہاں جاوید — تمہیں کیا مذاق سوجھ گیا بھئی — چھوڑو اِس قصے کو۔

نواب: میرے خیال میں کارتوس لے ہی لئے جائیں — اتنا اچھا موقع کبھی نہ ملے گا جبکہ شیر کا اتنا اچھا شکاری بھی موجود ہو یہاں۔

جمن: (خوشامدی لہجہ) بھائی نواب صاحب۔ کس چکر میں پڑ گئے — اتنے معمولی سے جانور کے لئے . . . .

گھائل: معمولی جانور آپ کے لئے ہوگا جناب، میں تو شیر کو جنگل کا بادشاہ

سمجھتا ہوں ــــ جی ہاں۔

جمن: (غصّہ) اجی آپ چپ رہیے، کیوں بیچ میں ٹانگ اڑا رہے ہیں۔
(خوشامد) قبلہ نواب صاحب، وہ جو کسی نے کہا ہے کہ اگر ایسا ہی ہے تو مجھے سامنے کھڑا کر کے گولی مار لیجئے۔

نواب: کیوں کیوں ــــ یہ کیا کہہ رہے ہیں آپ؟ کیا مجھے پھانسی پر لٹکوانا چاہتے ہیں؟

جمن: استغفراللہ! پھانسی پر چڑھیں آپ کے دشمن۔ میرا مطلب تو یہ تھا کہ وہ جو کسی نے کہا ہے کہ اِس طرح آپ کا شکار کا شوق بھی پورا ہو جائے گا اور یہ ناچیز بھی اپنی جان سے جائے گا۔

صوبیدار: ارے بھئی آپ اتنے پریشان کیوں ہیں ــــ ایسا لگتا ہے کہ آپ ڈر رہے ہیں۔

جمن: (گھبرا کر) ـ نہیں ڈرتا کون ہے ــــ میں تو یونہی احتیاطاً کہہ رہا ہوں۔
کیا فائدہ، خواہ مخواہ رات کے پچھلے پہر اُٹھیں اور جنگل میں جائیں۔

نواب: جمن صاحب ہم تو جو ارادہ کر لیتے ہیں۔ اُسے پورا کر کے ہی دم لیتے ہیں۔ اب تو جانا ہی پڑے گا۔ جو سوچ لیا بس سوچ لیا۔

الجھن: مر گئے میاں جمن!

جمن: (عاجزی) اچھا تو ایسا کرتے ہیں کہ روپیہ نکال کر چپت پٹ کر لیتے ہیں۔
حروف آ گئے تو۔ تو یہیں رہیں گے ــــ تین شیر گی مورتی آ گئی تو واپس شہر چلے جائیں گے اور ــــ اور ۔ ۔ ۔ ۔ ۔

میاں دید: اور کیا ــــ؟

جمن: اگر روپیہ سیدھا کھڑا ہو گیا تو شیر مار لیں گے ــــ کہیئے کتنا عمدہ

پروگرام ہے!

گھائل: واہ وا واہ — نہ نومن تیل ہوگا نہ رادھا ناچے گی — ایسا لگتا ہے کہ آپ ڈرے جا رہے ہیں۔

جمن: میاں ڈر کی بات نہیں۔ اب ذرا بڑھاپا ہے نا تو وہ جو کسی نے کہا ہے کہ اختلاجِ قلب کی شکایت بڑھ گئی ہے — کیوں اچھن؟

اچھن: صحیح فرمایا میاں جمن۔

گھائل: واہ بھئی واہ —

بہت شور سنتے تھے پہلو میں دل کا
جو چیرا تو اک قطرۂ خون نہ نکلا۔

ہونہہ!

جمن: مذاق مت اڑائیے جناب — شیر ذرا مکروہ صورت جانور ہے اس لئے وحشت ہوتی ہے۔ اور کوئی بات نہیں۔

جاوید: چلیئے کوئی بات نہیں۔ میں تو بندوق کو دیکھنے جا رہا ہوں۔ آپ لوگ باتیں کیجئے۔

نواب: اچھا تو ہم ڈرائنگ روم میں بیٹھتے ہیں۔ جمن صاحب آپ نے شاید میرا نیا ڈرائنگ روم نہیں دیکھا — کیوں؟۔

جمن: جی ہاں — بالکل نہیں — بالکل نہیں دیکھا۔

نواب: تو آئیے وہیں چل کر بیٹھتے ہیں — آپ کو ڈرائنگ روم ضرور پسند آئے گا۔

جمن: چلیئے چلیئے — ورنہ وہ جو کسی نے کہا ہے، یہاں تو یہ حضرات میرا بیٹھنا دوبھر کر دیں گے۔

گھائل: کیا عرض کروں نواب صاحب۔ جمن صاحب کی باتیں سُن کر زبان قابو میں نہیں رہتی ــــ چل ہی جاتی ہے۔!

جمن: تو اسے روکنے کا فن سیکھئے جناب۔ (ایکدم داد دے کر) بھئی واہ! کیا نقش و نگار والا دروازہ بنوایا ہے آپ نے۔

نواب: یہ تو دروازہ ہی ہے۔ اندر کا دیوان خانہ دیکھئے۔ آپ کو یقیناً پسند آئے گا ــــ بدلو، آگے بڑھ کر سوئچ آن کرنا۔

بدلو: بہتر نواب صاحب ــــ اے یہ لیجئے۔

جمن: واہ وا ــــ جی خوش ہوگیا حضرت ــــ وہ جو کسی نے کہا ہے کہ یوں لگتا ہے گویا جنت میں آگئے ہوں۔

صوبیدار: دیکھئے ابھی پتہ لگ جائے گا کہ کس کیلئے جنت ہے اور کس کے لئے جہنم؟

جمن: بھئی یہ شخص بہت کالی زبان کا ہے نواب صاحب ــــ آپ ذرا اسے.....

نواب: نیچے دبیز قالین ہے۔ دیکھ کر چلیئے گا۔ پاؤں دھنستے ہیں اس میں۔

جمن: جی ہاں جی ہاں۔ وہ جو کسی نے کہا ہے قدم دھنس رہے ہیں ــــ بھئی واہ نواب صاحب واہ ــــ بخدا کیا سجاوٹ ہے۔ کتنے حسین فانوس لٹک رہے ہیں چھت میں ــــ وہ جو کسی نے کہا کہ جنت کا سماں ہے۔ دیواروں پر تصویریں آویزاں ہیں۔ فرنیچر بھی بیحد قیمتی ہے۔ اور ــــ اور.....

گھائل: (حیرت سے) اماں یہ کیا۔ قبر سی ہے سامنے؟

جمن: (حیرت زدہ ہو کر بولا ــــــ (خوف زدہ لہجے میں) بخدا یہ تو

دُم بھی ہلا رہی ہے۔ (چیخ کر) نواب صاحب کیا بلا ہے یہ؟۔

نواب: کچھ نہیں جمن میاں — ایک معمولی سا پالتو شیر ہے۔

جمن: (خوف سے چیخ کر) شیر! ارے مار ڈالا — یہ کہاں سے آ گیا؟

[شیر کے خوفناک آواز میں دہاڑنے کی بار بار آواز]

صوبیدار: میاں جمن آگے بڑھ کر جبڑہ چیر ڈالو شیر کا — بہترین موقع ہے۔

گھمائل: ہاں ہاں — ہم بھی تو یہ بہادری دیکھیں۔

[شیر دہاڑتا ہے]

جمن: (خوف) ارے مر گیا — یہ تو بہت قریب ہے۔ (پکار کر) اچھن!

اچھن: (لرزتا لہجہ) جی میاں جمن!

جمن: (گھگھیا کر) پلٹ کر دوڑ لگا لے بھائی (شیر کی آواز) ہائے مر گیا —

اماں نواب صاحب یہ کہاں شیر کے سامنے لا کر پھنسا دیا؟

صوبیدار: بھائی ڈرتے کیوں ہیں۔ شیر ہی تو ہے معمولی سا بے ضرر جانور ہوتا ہے۔

جمن: (خوف سے چیخ کر) اجی خاک ہوتا ہے معمولی سا جانور — اماں وہ

ہل رہا ہے — وہ آگے بڑھا! — وہ لپکا —!

گھمائل: ڈرنے کی کیا ضرورت ہے جمن میاں — سو فٹ سے تو چھوٹا ہی ہے۔

جمن: (چیخ کر) اچھن — ارے واپس تانگہ پکڑ لے۔ (شیر کی آواز)۔

ارے بچاؤ — یہ اُچھل کر آیا میرے اوپر۔

گھمائل: (ظنزاً) —

شیر کا قصہ سنانا تو بہت آسان ہے

جاں نکل جاتی ہے جب شیر نکل آتا ہے

جمن: ابے گھمائل کے بچے خاموش! بخدا ہاتھ چھوڑ بیٹھوں گا (شیر کی آواز)۔

ارے وہ آیا — وہ آیا نواب صاحب۔

اچھن: بچئے میاں — وہ لپکا — وہ آپ پر ہی حملہ کر رہا ہے۔

جمن: (دہشت زدہ انداز میں چلّا کر) بچاؤ — بچاؤ — شیر حملہ کر رہا ہے — اے پاک پروردگار۔ (شیر کی آواز) — ارے مار ڈالا ظالم۔ پکڑو نواب صاحب وہ آیا — وہ آیا۔ (بے ہوش ہو رہے ہیں) ارے وہ اچھلا — وہ — وہ — مر گیا، نواب — صاحب!

اچھن: جمن میاں بے ہوش ہو گئے ہیں نواب صاحب۔

جاوید: (دور سے مائیک کے قریب آتے ہوئے) کیا ہوا — کیا بے ہوش ہو گئے جمن میاں؟ (ہنستا ہے)

نواب: (ہنس کر) تم دہاڑے ہی اتنی کرخت آواز میں تھے کہ بیچارے لمبے لمبے لیٹ گئے۔

صوبیدار: شیر کا پاؤں رسّی سے باندھ کر تم نے اُسے ہلایا بھی خوب (ہنستا ہے) کمال کر دیا۔

نواب: حد ہو گئی اچھن — تمہارے جمن میاں تو بھُس بھرے ہوئے شیر کو دیکھ کر ہی ڈر گئے۔ اصل شیر دیکھ لیں تو نہ جانے کیا حالت ہو؟

اچھن: اصلی شیر کو دیکھ کر جمن میاں نہیں ڈرا کرتے سرکار — یہ بھُس بھرا ہوا تھا نا — اس لئے ڈر گئے۔

گھائل: شاباش رفوگر — یہاں بھی بات میں رفو کرنے سے باز نہیں آیا۔

صوبیدار: (طنزاً) پچاس فٹ لمبا شیر پکڑیں گے۔ ہونہہ! ؎
یہ بازو مرے آزمائے ہوئے ہیں۔

جاوید: (تشویش سے) دل پر ہاتھ رکھ کر تو دیکھئے — ہیں کہ گئے؟

اچھن : سرکار کہیں سچ مچ جان پر نہ بن جائے۔ مذاق ختم ہوگیا لیکن اب انہیں ہوش میں تو لائیے۔

نواب : (ہنس کر) ہاں ہاں ابھی ہوش میں لے آتے ہیں۔ (پکار کر) بدلو — اے بدلو — ذرا دوڑ کر عرقِ گلاب تو لاؤ — جلدی۔

بدلو : (دور سے) ابھی حاضر کرتا ہوں حضور۔

صوبیدار : اِن حالات میں کیا کوئی شعر نہ ہوگا بسمل خاں گھائل ہو جائے کوئی شعر۔

گھائل : ہوگا جناب ضرور ہوگا — عرض کرتا ہوں ؎

زمانہ بڑے شوق سے سُن رہا تھا
ہمی سو گئے داستاں کہتے کہتے۔

[زور سے ہنستا ہے اور سب بھی ہنسی میں شریک ہو جاتے ہیں]

[ساز بجتا ہے۔ فیڈ آوٹ]

شادی کا امیدوار

کردار: اجیت ۔ راہ گیر ۔ چوپڑہ ۔ چرن داس
(ادھیڑ عمر شخص) عورت (عمر ۳۵ سال) اختر
(نغمہ بجتا ہے)

اجیت: (پکارتے ہوئے) بھائی صاحب — اے بھائی صاحب۔ ذرا سنیئے گا۔

راہ گیر: جی — کہیئے کیا بات ہے؟

اجیت: مجھے مکان نمبر ایف باون کی تلاش ہے۔ کیا آپ بتا سکتے ہیں کہ اِس محلّے میں وہ کہاں ہے۔؟

راہ گیر: جی بتا تو سکتا ہوں لیکن بتا نہیں سکتا۔

اجیت: (حیرت) کیوں؟

راہ گیر: بتا تو یوں سکتا ہوں کہ میں بھی مونہہ میں زبان رکھتا ہوں اور بتا یوں نہیں سکتا کہ مجھے خود نہیں معلوم۔

اجیت: (غصہ) عجیب آدمی ہیں۔ مذاق کرتے ہوئے شرم نہیں آتی۔؟

راہ گیر: آتی تو ہے لیکن میں ذرا شرم پروف واقع ہوا ہوں۔

اجیت: (غصہ) جاؤ بھائی جاؤ۔ خواہ مخواہ مت الجھو — (خود کلامی) عجیب مصیبت ہے۔ یہ لا وہ مکان کس طرح تلاش کروں — بتایا تھا کہ یہیں کہیں پر ہے — یہاں اختر بھی تو رہتا ہے۔ بھگوان کرے وہ مل جائے کسی طرح۔

چوپڑہ: (مائیک سے دور، غصیلی اور چیختی ہوئی آواز) ارے او نوجوان! کیا بات ہے، میرے مکان کے سامنے کیوں کھڑے ہو؟۔

اجیت: (حیرت) مکان کے سامنے! — جی نہیں میں تو ایک مکان ڈھونڈ رہا ہوں۔

چوپڑہ: (غصہ) وہ تو تم کبھی کے ڈھونڈ چکے ہو۔ شرم نہیں آتی، روزانہ میری کھڑکی کے سامنے کھڑے ہو جاتے ہو!

اجیت: (حیرت) جی — کیا فرمایا آپ نے؟

چوپڑہ: یہی کہ تمہارے سامنے والی کھڑکی میں ایک چاند کا ٹکڑا رہتا ہے — کیوں؟۔

اجیت: میں سمجھا نہیں آپ کا مطلب؟

چوپڑہ: (غصہ) مطلب بھی میں ہی بتلاؤں — کیوں روزانہ میری لڑکی کو گھور گھور کر دیکھتے ہو؟۔

اجیت: (حیرت) لڑکی — ! جناب اِس معاملے میں لڑکی کہاں

سے آکودی ؟

چوپڑہ : (ناراضی) بہت بھولا بنتا ہے ــــ چل چل جا یہاں سے ورنہ ٹھکائی کر دوں گا ــــ ہاں۔

اجیت : جناب زرا زبان سنبھال کے ــــ میں تو......

چوپڑہ : (بات کاٹ کر) اے جاتا ہے یا دوں آکر ایک چھانپڑ ــــ تجھ جیسے سڑک چھاپ مجنوؤں کو میں اچھی طرح جانتا ہوں۔

اجیت : عجیب آدمی ہیں آپ ــــ میں تو مکان نمبر الیف باون ڈھونڈ رہا ہوں ــــ آپ کی لڑکی کو نہیں گھور رہا۔

چوپڑہ : (بیحد غصہ) کیا ــــ زرا پھر سے تو کہنا ــــ یعنی میری لڑکی اس لائق بھی نہیں کہ تم اسے گھور سکو ــــ ہائیں۔؟

اجیت : کیوں بیکار الجھ رہے ہیں ــــ جائیے اپنا کام کیجئے۔ کھڑکی بند کرکے لڑکی کو گود میں لے کر بیٹھ جائیے۔

چوپڑہ : (غصہ) اب بکواس کرتا ہے ــــ ٹھہر جا، نیچے آکر بتاتا ہوں۔

اجیت : جو بتانا ہے اوپر ہی سے بتا دیجئے۔ کیوں نیچے آنے کی تکلیف کرتے ہیں ــــ ویسے نمستے! بندہ جا رہا ہے۔

چوپڑہ : (غصے سے) آواز مائیک سے دور ہوتی جاتی ہے)۔ دیکھ لوں گا۔ اگر دوبارہ مل گیا تو ہڈی پسلی ایک کر دوں گا۔ سمجھا!

اجیت : (خود کلامی) اچھی مصیبت ہے ــــ پتا جی نے کہا تھا کہ وہاں ضرور جانا ہے اور اس محلے میں بھانت بھانت کے جانور مل رہے ہیں ــــ (وقفہ)

ارے! یہ کون آرہا ہے ــــ اختر معلوم ہوتا ہے (خوشی سے چلا کر)

اختر — اے اختر — اختر بھائی۔

اختر: (دور سے مائیک کے قریب آتے ہوئے) ارے اجیت تُو — تُو یہاں کیا کر رہا ہے یار؟

اجیت: بھیّا بہت دیر سے تجھے ہی تلاش کر رہا ہوں — تُو مل گیا ہے تو مشکل حل ہو جائے گی۔

اختر: چکر کیا ہے — کیا میرے پاس آیا تھا؟

اجیت: تیرے گھر کا پتہ ہوتا تو پہلے سیدھا وہیں نہ آتا — بڑی اُلجھن ہے یار۔ صبح سے دھکے کھاتا پھر رہا ہوں۔

اختر: خیر وہ تو تیری قسمت میں شروع ہی سے لکھے ہیں — بات بتا، کچھ پریشان سا دکھائی دیتا ہے!

اجیت: کیوں نظر نہ آؤں گا پریشان — وہ اپنے مغلِ اعظم کی تلوار جو لٹک رہی ہے سر پہ۔ صبح ہی سے ہر دروازے کو سونگھتا پھر رہا ہوں۔

اختر: وہ تو میں جانتا ہوں۔ دروازوں کو سونگھنا اور دُم ہلانا تو بھیّا تیری پرانی عادت ہے — وجہ بیان کر۔

اجیت: بھیّا پتا جی کا حکم ہے کہ صبح ہی صبح وکیل صاحب کے گھر پہنچ جاؤں۔ ورنہ وہ نکل جائیں گے۔

اختر: کوئی مقدمہ ہے کیا؟

اجیت: بہت بڑا مقدمہ — میں شادی کا امیدوار ہوں اور وکیل صاحب اِس مقدمے میں مجسٹریٹ ہیں۔

اختر: پہیلیاں مت بجھواؤ — صاف صاف بکو۔

اجیت: کیا بکوں یار ــــ بس سمجھ لو کہ مصیبت میں گرفتار ہوں۔ میرے گلے میں پھانسی کا پھندہ ڈالا جا رہا ہے۔ پیر وں میں بیڑیاں اور ہاتھوں میں ہتھکڑیاں پہنائی جا رہی ہیں ــــ قصہ مختصر یہ کہ میری شادی ہونے والی ہے۔

اختر: اچھا! ــــ یعنی خانہ بربادی کے دن آگئے۔!

اجیت: مذاق مت کرو یار ــــ پتا جی نے آج مجھے اُس ملک الموت کے پاس بھیجا ہے جس کا نام دکیل چرن داس ہے ــــــ بر دکھاوے کے لئے۔

اختر: (سوچتے ہوئے) بَر دکھاوا ــــ لیکن یار اگر وہ دکیل ہے تو بڑی سخت جرح کرے گا۔

اجیت: یہی تو فکر ہے ــــ سب کھایا پیا حلق میں آئے جا رہا ہے یار۔ سمجھ میں نہیں آتا کیا کروں؟

اختر: (فکرمندی) بر دکھاوا تو بھائی خطرناک قسم کا انٹرویو ہوتا ہے۔ بہت کم لوگ کامیاب ہوتے ہیں۔

اجیت: یہی تو فکر ہے مجھے ــ (لجاجت سے) یار اختر کسی طرح مجھے بچالے ــــ تیری یہ صاف شفاف کھوپڑی آخر کس دن کام میں آئے گی ــ اپنے بھیجے کو تھوڑا سا استعمال کر یار۔

اختر: (ہنس کر) بھیجے کو زیادہ استعمال کرنے ہی سے تو کھوپڑی چٹیل میدان بنی ہے ــــ ویسے شادی کے بعد تو بھی میری ہی طرح فارغ البال ہو جائے گا۔ بے فکر رہ۔

اجیت: (غصہ) بھیا یہاں جان پہ بنی ہے اور تو الٹی سیدھی ہانک

رہا ہے ۔۔۔ سوچ کہا ئی کچھ سوچ ۔

اختر : سوچوں تو تب جبکہ مجھے معلوم ہو کہ تو شادی سے گھبرا کیوں رہا ہے ۔

اجیت : ہر شریف آدمی گھبراتا ہے بھئی ۔۔۔ اور پھر میں یوں بھی گھبرا رہا ہوں کہ میں نے لڑکی کے بارے میں عجیب عجیب باتیں سُنی ہیں ۔

اختر : مثلاً ۔۔۔ ہم بھی تو سُنیں ۔

اجیت : مثلاً یہ کہ سُنا ہے اُس کا ایک بلب فیوز ہے ۔ زمین کی کشش اُس کے بائیں کاندھے پر زیادہ اثر انداز ہوتی ہے اِس لئے بایاں کندھا جُھکا کر چلتی ہے ۔

اختر : (ہنس کر) واہ ۔۔۔ خوب کہی ۔

[اجیت کی باتوں کے درمیان ہنستا ہی رہتا ہے]

اجیت : یہ بھی سُنا ہے کہ اُس کے پیدا ہوتے ہی اُسے نظرِ بد سے بچانے کیلئے اُس پر بلیک انیمل کلر کر دیا گیا تھا ۔ وہ رنگ روز بروز پکّا ہوتا جا رہا ہے ۔ اُس کے دانت کھانے کے اور ہیں اور دکھانے کے اور ۔ کھانے کے دانت ہونٹوں کے دونوں کناروں پر بطور نمائش رکھے ہوئے ہیں ۔ اور قوی ہیکل اتنی ہے کہ کوئی بھی وزن کرنے کی مشین اُسے دیکھتے ہی کام کرنا بند کر دیتی ہے ۔

اختر : (متواتر ہنس رہا ہے ، ہنسی کے درمیان) تو تم کون سے یوسفِ ثانی ہو ۔۔۔ اپنا بھتوبڑا دیکھا ہے کبھی آئینے میں ۔ ؟

اجیت : (ناراضی) یار جلے پر نمک مت چھڑک ۔ نہ جانے پتاجی کو اس کی

کونسی ادا بھا گئی جو میرے ٹھٹھے مار رہے ہیں!

اختر: اسے کوئی خوبی ہوگی اس میں جو.....

اجیت: (بات کاٹ کر) ایک خوبی ہے کہ وہ دولت مند ہے اور دولت ہر عیب کو چھپا لیتی ہے۔

اختر: خیر میں سمجھ گیا تو واقعی ہمدردی کا مستحق ہے — لیکن تھوڑا سا بیوقوف ہے۔

اجیت: کیا بکتے ہو—؟

اختر: یہی کہ تو مجھ سے لمبا ہے اور سطح سمندر سے زیادہ بلند ہونے کے باعث تیری کھوپڑی پر ہمیشہ برف جمی رہتی ہے۔

اجیت: دیکھو میاں دل نہ جلاؤ۔ مشورہ دینا ہے تو دو ورنہ نو دو گیارہ ہو جاؤ — ہاں۔

اختر: تو بھی تین پانچ مت کر اور دھونس مت جما۔ مشورہ لینا ہے تو عاجزی اختیار کر۔

اجیت: (عاجزی سے) یار اختر — غلطی ہو گئی یار — اب بتا، سوچی کوئی ترکیب؟

اختر: بڑی آسان ترکیب ہے۔ عارضی طور پر پاگل بن جا۔

اجیت: (گھبرا کر) پاگل — یعنی میں، پاگل بن جاؤں!

اختر: ہاں — تیرے درد کا یہی علاج ہے۔ میرے خیال میں وکیل صاحب کا گھر یہ سامنے والا ہی ہے۔ گھر کے اندر جا اور باقاعدہ امتحان دے۔ وکیل صاحب جو پوچھیں اس کا الٹا سیدھا جواب دے دے۔ بس سمجھ لے کہ چھٹی!

اجیت: (گھبراہٹ) کیا کہہ رہا ہے یار ـــــ کہیں وہ کسی کیس میں دھروا نہ دیں۔؟

اختر: سوال ہی پیدا نہیں ہوتا ـــــ پاگل سے سب ڈرتے ہیں۔ اُسے کچھ نہیں کہتے۔

اجیت: (تذبذب) لیکن ـــ لیکن پاگل بننے سے فائدہ کیا ہوگا۔؟

اختر: بہت بڑا فائدہ ہوگا۔ ویسے بھی ہر شریف آدمی شادی کے بعد پاگل ہو جاتا ہے۔ تم شادی سے پہلے ہی ہو جاؤ گے۔ صورت سے بھی لگتے ہو۔

اجیت: یار مذاق مت کر۔ میں کسی جھنجھٹ میں نہ پھنس جاؤں کہیں۔

اختر: پھنسنے کی بھی ایک ہی کہی۔ ارے میں آزادی دلا رہا ہوں یا پھنسوا رہا ہوں ـــ دیکھ! وکیل صاحب کو جب معلوم ہوگا کہ ہونے والے داماد کے اسکرو ڈھیلے ہیں تو وہ خود ہی کانوں پر ہاتھ رکھیں گے۔ بس تھوڑی سی اداکاری کرلے، پھر پو بارہ ہیں تیرے۔

اجیت: (سوچتے ہوئے) ترکیب تو خیر اچھی ہے ـــ لیکن.....

اختر: لیکن ویکن کچھ نہیں۔ بس چڑھ جا سُولی پہ رام بھلا کریں گے ـــ جا دروازہ کھٹکھٹا ـــ تو ادھر چل میں اپنے گھر چلتا ہوں۔

اجیت: (کمزور لہجہ) اچھا بھئی ـــ جاتا ہوں۔

اختر: (مائیک سے دُور) نتیجے کی اطلاع دے کر جانا۔ میں فکرمند رہوں گا۔ (آواز دور ہوتی جاتی ہے) میں گھر پہ ہوں ـــ اکیس مکان نمبر ہے میرا۔

اجیت: (بلند آواز) اچھا اچھا ـــ لیکن میرے حق میں دعا کرتے رہنا۔ شیر کی کچھار میں داخل ہو رہا ہوں۔ بھیّا۔

اختر: (دور سے ہنس کر) اچھا — ضرور دعا کروں گا — اب جاؤ اپنے کام سے لگو۔

اجیت: (خود کلامی) الیف باون نمبر دیکھنا ہے۔ اِس مکان پر تو لکھا ہوا نظر نہیں آتا۔ خیر کوشش کرتا ہوں دروازہ کھلوانے کی۔

[دستک دیتا ہے۔ تھوڑے سے وقفہ کے بعد دروازہ کھلنے کی آواز]

چرن داس: (غصیلی اور بھاری آواز دور سے قریب آتی ہے)
ارے کون ہے — کیا دروازہ توڑ کر ہی دم لوگے؟
(دروازہ کھلنے کی آواز)

اجیت: (عاجزی سے) نمستے جناب۔

چرن داس: (جھلاہٹ) ہوگئی نمستے — لیکن یہ بتاؤ کیا یہ تم ہی تھے جو کواڑوں کے ساتھ بوکسنگ کر رہے تھے۔؟

اجیت: (خوف۔ عاجزی) جی میں دروازہ کھٹکھٹا رہا تھا — میں لالہ چرن داس جی کے گھر جانا چاہتا ہوں۔

چرن داس: ضرور جاؤ، منع کون کرتا ہے۔ میاں ہی چرن داس ہوں — چلو چرن چھو دو۔

اجیت: (حیرت) جی —؟ میں سمجھا تو ....

چرن داس: میاں میرا نہیں — جھک کر چرن چھوؤ۔

اجیت: (انکسار) چرن چھو لوں — یعنی پاؤں!۔ اچھا یہ لیجئے، یہ جھک کر چھو لئے ہیں۔

چرن داس: (خوشی) شاباش! — ہاں اب بولو، میرے گھر پہ کس لئے دھاوا بولا ہے۔؟

اجیت : (حیرت) دھاوا؟ ..... جی نہیں تو ـــــ میں تو صرف ملنے کے لئے حاضر ہوا ہوں۔

چرن داس : مل لئے ـــ اب جاؤ۔

اجیت : جی نہیں ـــ معاف کیجئے گا آپ سمجھے نہیں۔

چرن : نہیں سمجھا تو سمجھاؤ ـــــ جلدی کرو۔ یوں دروازے پر دھرنا دیکر مت کھڑے رہو۔

اجیت : بہتر ہے تو پھر اندر چلیئے۔ وہاں عرض کروں گا۔

چرن : آجاؤ پھر ـــــ لیکن جو کہنا ہے جلدی کہو۔ دوسروں کا وقت قیمتی ہوا کرتا ہے۔

اجیت : میں بھی جناب وقت کی قدر کرتا ہوں۔ خود بھی وقت کا پابند ہوں اور دوسروں کے وقت کا بھی خیال رکھتا ہوں۔

چرن : گڈ ـــــ ویری گڈ! ـــــ تم اچھے لڑکے معلوم ہوتے ہو ـــــ بیٹھ جاؤ اور مطلب بیان کرو۔

اجیت : (شرماتے ہوئے) جی میں لالہ اشرفی داس کا لڑکا اجیت لعل ہوں۔

چرن : کتنا قیمتی نام ہے تمہارے باپ کا ـــــ وہ اشرفی اور تم لعل ـــــ واہ۔

اجیت : (شرماتے ہوئے) جی وہ بات یہ ہے کہ میں خود کو دکھانے کے لئے حاضر ہوا ہوں۔

چرن : اچھا اچھا ـــــ دکھانے آئے ہو ـــــ چلو تو پھر دکھاؤ۔

اجیت : (جلدی سے) نہیں جناب میرا مطلب ہے کہ میں ـــــ یعنی پتا جی نے مجھے بر دکھاوے کے لئے بھیجا ہے۔

چرن : (ہنستا ہے) مطلب یہ کہ تم بر ہو اور میری لڑکی سے شادی کرنے آئے ہو؟

خود کو پہلے دکھانا چاہتے ہو۔

اجیت: (جلدی سے) جی ہاں جی ہاں ـــــ پروگرام تو یہی ہے۔

چرن: اچھا پروگرام ہے۔ میری حسین و جمیل لڑکی تم جیسے ہونہار، جوان اور زنانی صورت والے مرد سے شادی کر کے بہت خوش ہوگی۔ البتہ میں یہ نہیں کہہ سکتا کہ تم بھی خوش ہو گے کہ نہیں؟

اجیت: ہونا ہی ہوگا جناب ـــــ مجبوراً ہونا ہی ہوگا ـــــ لیکن آپ چاہیں تو یہ پروگرام بدل بھی سکتے ہیں۔

چرن: (بے حد غصہ) بکواس بند! خاموش بیٹھے رہو کرسی پر۔

اجیت: جی میں تو خاموش ہی ہوں۔ (بیزاری۔ خود کلامی) پھنس گئے۔ اب پھنس گئے اجیت بیٹا ـــــ .... ـــــ بڈھا تو خبطی معلوم ہوتا ہے۔

چرن: بردکھاوے کا مطلب جانتے ہو ـــــ اس کا مطلب ہے انٹرویو ـــــ یعنی امتحان۔ چھان بین۔ ٹیسٹ۔

اجیت: (بیزاری) جی ہاں ـــــ معلوم ہے۔

چرن: بس تو امتحان دینے کے لئے تیار ہو جاؤ ـــــ پرچۂ امتحان شروع ہوتا ہے۔

اجیت: بہت اچھا۔

چرن: تختی سلیٹ، قلم اور دوات لائے ہو؟

اجیت: (گھبرا کر) جی کیا فرمایا ـــــ دوات!

چرن: ہاں برخوردار دوات اور قلم ـــــ ـــــ بولو امتحان دینے کے لئے تیار ہو۔؟

اجیت : (بیزاری) میں تو گھر ہی سے تیاری کر کے آیا ہوں —- پوچھیئے کیا پوچھنا ہے۔

چرن: تمہارے پاس تختی اور سلیٹ نہیں ہے تو نہ سہی۔ پرچۂ امتحان زبانی ہو جاتا ہے۔ کُل سوال پندرہ ہیں۔

اجیت : (اُلجھن) ٹھیک ہے — پوچھیئے۔

چرن : کُل پندرہ سوال ہیں۔ پندرہ میں سے کوئی سے بھی بیس سوال حل کرو۔

اجیت : (زبردست حیرت)۔ جی — پندرہ میں سے بیس!

چرن: ہاں ہاں — صفائی اور خوش خطی کے نمبر الگ ملیں گے۔

اجیت : (پریشانی) سمجھ میں نہیں آتا آپ کیا کہہ رہے ہیں —— میری تو عقل چکرا گئی ہے۔

چرن : چکرا نہیں گئی بلکہ پانی بھرنے گئی ہے اور وہاں کھڑی ہوئی گا رہی ہے۔

[بھونڈی آواز میں گاتا ہے]

نیر بھرن کیسے جاؤں سکھی ری ! نیر بھرن کیسے جاؤں سکھی ری — نیر بھرن کیسے جاؤں ۔؟

اجیت : (ہنس کر انکسار سے) آپ مذاق اچھا کر لیتے ہیں وکیل صاحب۔

چرن: (دوسرے کو خوفزدہ کر دینے والی ہنسی) کر لیتا ہوں نا —— ابھی تو بٹیا نئے نئے پھنسے ہو۔

اجیت : (حیرت) پھنسا ہوں کا کیا مطلب ؟

چرن : نہیں سمجھے — سمجھ جاؤ گے سمجھ جاؤ گے —— معاف کرنا میں کبھی کبھار بہک جاتا ہوں۔ تم بُرا تو نہیں مانے ۔؟

اجیت: (کھسیانی ہنسی) کمال کرتے ہیں آپ جی —— میں اور بُرا مانوں۔

آپ بزرگ ہیں، بھلا آپ کی بات کا کیسے بُرا مان سکتا ہوں۔

چرن : گڈ ـــــ ویری گڈ! ـــــ ویسے کیا تم جانتے ہو کہ میں کون ہوں اور کیا کرتا ہوں۔؟

اجیت : جی ہاں ـــــ آپ وکیل ہیں اور بال کی کھال نکالا کرتے ہیں۔ (خوشدلی سے ہنستا ہے)

چرن : (ہنستا ہے) اچھا! ـــــ یعنی میں وکیل ہوں اور بال کی کھال نکالتا ہوں ـــــ واہ وا ـــــ واہ وا۔

اجیت : میرا مطلب ہے کہ آپ جرح اچھی کر لیتے ہیں۔

چرن : جرح! ـــــ واہ! کتنا عمدہ اور سمجھدار داماد ملنے والا ہے۔ جواب نہیں ہے تمہارا۔

اجیت : (شرم۔ انکسار) جی میں ـــــ میں بھلا کس قابل ہوں۔

چرن : سچ ہے ـــــ تم واقعی کسی قابل نہیں ہو ـــــ اچھا یہ تو بتاؤ کہ تمہارے گُرو گھنٹال یعنی پتا جی کیا کام کرتے ہیں۔؟

اجیت : وہ کپڑے کے بیوپاری ہیں۔

چرن : (خوشی) کپڑے کے بیوپاری ـــــ واہ وا ـــــ خوب، چلو اسی بات پر چرن چھوؤ۔

اجیت : (حیرت سے) یعنی پھر پیر چھوؤں۔؟

چرن : (اکڑ کر) بالکل ـــــ چلو چرن چھوؤ۔

اجیت : بہت اچھا ـــــ اے یہ لیجئے۔

چرن : شاباش! بہت سعادت مند ہو ـــــ چونکہ تم کپڑے کے بیوپاری ہو۔ اس لئے پہلا سوال میں تم سے کپڑے کے بارے میں کروں گا۔

اجیت: (ہنستا ہے) ٹھیک ہے جناب ــــ میں تیار ہوں۔

چرن: شاباش ــــ اچھا تو سیٹھ کروڑ مل بکرو پتی داس کے لڑکے......

اجیت: سیٹھ اشرفی داس ــــ آپ غلط بول رہے ہیں!۔

چرن: کوئی بات نہیں ــــ اچھا تو بیٹے یہ بتاؤ کہ تمہیں کپڑے کے ایک تھان میں سے ایک قمیص کاٹنے کے لئے دی جائے تو کیا بنے گا۔؟

اجیت: کچھ نہ کچھ تو بن ہی جائے گا جناب ــــ میں درزی ہوتا تو شاید بتا دیتا۔

چرن: عمدہ اور معقول جواب! ــــ اچھا یہ بتاؤ کہ پانچ مرد، بیس عورتیں، اٹھارہ بچے اور دو کتے مل کر کپڑے کے اِس تھان کو کاٹیں تو کیا چیز بن جائے گی۔؟

اجیت: (بیزاری) میرے خیال میں جناب دھجیاں بن جائیں گی۔

چرن: بہت اچھے، دوسرا معقول اور عمدہ جواب! ــــ اچھا اب کپڑے کے بارے ہی میں کوئی خاص بات بتاؤ ــــ اِسی کپڑے کے بارے میں جو تم نے پہن رکھا ہے۔

اجیت: یہ تو جناب سُوٹ ہے۔ میں ہر روز سُوٹ پہننے کا عادی ہوں۔

چرن: مطلب یہ کہ تمہارے پاس بہت سے سُوٹ ہیں۔؟

اجیت: جی نہیں۔ میرے پاس ایک ہی سوٹ ہے ــــ وہی میں ہر روز پہنتا ہوں۔

چرن: گڈ ــــ یعنی کفایت شعار بھی ہو ــــ میری لڑکی کو روپے پیسے کی تنگی نہ ہونے دو گے!

اجیت: ہرگز نہیں جناب ــــ جب زیادہ روپے ہی نہ ہوں گے تو وہ

شکایت ہی نہ کرے گی۔

چیرلن: دوبارہ ویری گڈ! ـــــ اب میں تمہاری سالانہ آمدنی کے بارے میں جاننا چاہتا ہوں ـــــ کیا تم نائٹ ہو۔؟

اجیت: (حیرت) جی کیا فرمایا ـــــ کھاتہ۔؟

چیرن: ہاں ہاں ـــــ ٹال مٹول کیوں کر رہے۔ (ڈانٹ کر) بتاؤ نوجوان کھاتہ کہاں ہے۔؟

اجیت: (خوف۔ گھبراہٹ) جی میں تو ہوٹل میں کھاتا ہوں۔

چیرن: (ڈانٹ کر) کیا کہا ـــــ ہوٹل میں!

اجیت: (خوف) جی ہاں ـــــ ہوٹل ہی میں کھایا کرتا ہوں۔

چیرن: (تیز اور بلند ہنسی) بہت اچھے ـــــ سمجھدار ہو ـــــ مطلب یہ کہ بیوی کو کھانا پکانے کی تکلیف نہیں دوگے۔ اگر تم نے ایسا کیا تو میں تم پر کیس دائر کردوں گا ـــــ مقدمہ مقدمہ ـــــ سمجھے۔؟

اجیت: (بیزاری) جی ہاں سمجھ گیا۔

چیرن: تم پر یا تمہارے گھر کے کسی فرد پر مقدمہ تو نہیں چلا؟

اجیت: جی ہاں چلا تھا ـــــ جائداد کا ایک مقدمہ چلا تھا۔

چیرن: اچھا! ـــــ تو پھر تم نے کسی وکیل سے مشورہ لیا؟

اجیت: جی ہاں ـــــ بڑے بازار میں جو وکیل صاحب ہیں ان سے مشورہ لیا تھا۔

چیرن: وہ تو بہت نالائق ہے ـــــ اس نے تمہیں ضرور غلط مشورہ دیا ہوگا۔ کیا مشورہ دیا تھا۔؟

اجیت: اس نے کہا تھا کہ میں کسی احمق اور بیوقوف وکیل کے پاس جاؤں۔

چرن : پھر ؟

اجیت : (جل کر) اسی لئے میں آپ کے پاس آگیا۔

چرن : (بھیانک ہنسی) اوہو ۔۔۔ ہوہو ۔۔۔ واہ وا ۔۔۔ یعنی تم مجھے احمق وکیل سمجھتے ہو ۔۔۔ کیا واقعی میں وکیل ہوں۔ ؟

اجیت : اب میں کیا عرض کروں۔ آپ کی باتوں سے تو میرا دماغ چکرانے لگا ہے۔

چرن : خیر کوئی بات نہیں۔ چونکہ تم کپڑے والے ہو، اس لئے نت نئے ڈیزائنوں کے کپڑے ہوں گے تمہاری دکان میں۔

اجیت : جی ہاں بہت سے ڈیزائن ہیں۔

چرن : یہ جو تم نے لونڈیوں کا سا رنگ برنگا جمپر پہن رکھا ہے ۔۔۔ اِسکا .....

اجیت : (جلدی سے) جی یہ جمپر نہیں ہے۔ میں نے کوٹ کے نیچے بش شرٹ پہن رکھی ہے۔

چرن : چلو وہی سہی ۔۔۔ تم نے اِسکا کپڑہ کتنے روپے میٹر لیا تھا۔ ؟

اجیت : (گھبرا کر) چالیس روپے میٹر۔

چرن : لیکن برخوردار اب تو تم میرے داماد بننے والے ہو۔ ہم میں رشتہ داری قائم ہو رہی ہے۔ اِس لئے ہمیں ۱۵ روپے میٹر میں دلوادو۔

اجیت : (تذبذب۔ پریشانی) جی وہ ۔۔۔ وہ بات یہ ہے کہ پندرہ روپے میٹر تو ہمیں گھر ہی میں پڑتا ہے۔

چرن : گھر میں ! ۔۔۔ چلو کوئی بات نہیں، میں تمہارے گھر سے آکر لے جاؤں گا۔

اجیت : (الجھن) وہ تو ٹھیک ہے ۔۔۔ لیکن .....

چرن : لیکن ویکن کچھ نہیں۔ ابھی انٹرویو ختم کہاں ہوا ہے ۔۔۔ اب

یہ بتاؤ بیٹے اجیت لعل کہ تم اِس کپڑے کے دھندے میں کیوں پڑ گئے۔ اور بھی تو بہت سے پیشے تھے ——— کوئی دوسرا پیشہ کیوں اختیار نہیں کیا۔؟

اجیت : جی بات یہ ہے کہ میرا ارادہ ڈاکٹر بننے کا تھا۔ پچھلے دنوں میں ڈاکٹر بنرجی کے ساتھ کام کر چکا ہوں۔

چرن : وہی ڈاکٹر بنرجی جسکے کان بہت بڑے بڑے ہیں۔

اجیت : جی ہاں وہی۔

چرن : اُسکے کان اتنے بڑے کیوں ہیں ——— بتا سکتے ہو۔؟

اجیت : جی وہ کانوں کے ڈاکٹر ہیں نا ——— (ہنستا ہے)

چرن : (خوفناک ہنسی) خوب خوب ——— یعنی تم مذاق بھی کر لیتے ہو ——— گڈ ——— ویری گڈ، بلکہ کئی مرتبہ گڈ ———

[اجیت ہنس رہا ہے]

ویسے برخوردار تم نے ڈاکٹر اچھا پکڑا ہے۔ لوگوں کو عموماً کان کا ہی مرض ہو جاتا ہے کہ وہ بہرے ہو جاتے ہیں۔

اجیت : جی ہاں۔ آپ درست کہتے ہیں۔

چرن : اور یہ بھی درست کہہ رہا ہوں کہ شادی کے بعد آدمی کے حق میں بہرہ بن کر رہنا ہی مفید ہے۔

اجیت : جی ہاں۔ ٹھیک ہے۔

چرن : (غصہ۔ ڈانٹ) لیکن تم میری لڑکی کے سامنے بہرے نہیں ہو گے۔ سمجھے؟

اجیت : (ڈر کر) ہرگز نہیں ——— کبھی نہیں۔ ویسے بھی میں نے کانوں کا ڈاکٹر بننے کا ارادہ ملتوی کر دیا تھا جناب۔

جرمن: کیوں ملتوی کر دیا تھا۔؟

اجیت: میں نے سوچا تھا کہ دانتوں کا ڈاکٹر بن جانا زیادہ مفید ہوتا۔

چرن: (غصہ) کیوں — ؟

اجیت: (گھبرا کر) جی وہ — کان تو صرف دو ہوتے ہیں اور دانت بتیس۔
ڈینٹسٹ بننے میں فائدہ رہتا ہے۔

چرن: شاباش — (ہنستا ہے) تمہارے جوابات اتنے دلچسپ اور مزیدار ہیں کہ
تمہارے امتحانی پرچے پر بار بار ویری گڈ لکھنے کو دل چاہتا ہے۔
چلو چرن چھوؤ۔

اجیت: (بیزاری) اچھی زبردستی ہے — لیجئے چھو لیتا ہوں۔

چرن: (ہنستا ہے)
واہ وا — واہ وا — شاباش — بہت عمدہ۔

اجیت: (پریشانی) اگر آپ کچھ اجازت دیں تو کچھ عرض کروں؟

چرن: شاعر ہو جو کچھ عرض کرنا چاہتے ہو۔ جانتے نہیں کہ شاعر گانا گانے
سے پہلے ہمیشہ عرض کیا ہے — کہتا ہے۔

اجیت: گانے سے پہلے نہیں بلکہ شعر پڑھنے سے پہلے۔

چرن: شیر! — اچھا بتاؤ تم نے شیر دیکھا ہے کبھی۔؟

اجیت: فلموں میں اور چڑیا گھر میں دیکھا ہے جناب۔

چرن: چڑیا گھر میں — (ہنستا ہے) خوب۔ کافی شیر دل انسان ہو۔
مگر صاحبزادے، کچھ لوگوں کا خیال ہے کہ مجھے بھی چڑیا گھر میں
ہونا چاہیئے تھا۔ تم کیا کہتے ہو۔؟

اجیت: (بیزاری) میرا بھی یہی خیال ہے۔ آپ کے لئے بیحد مناسب جگہ ہے۔

چرن: بہترین سوال کا بہترین جواب! — یاد ہے تا تمہیں پندرہ میں سے کوئی بھی بیس سوال حل کرنے تھے۔

اجیت: (اکتاہٹ) یاد ہے جناب بالکل یاد ہے۔

چرن: تمہیں پورے نمبر ملے ہیں — صفائی کے دو نمبر اوپر سے لو۔ تمہیں پاس کر دیا ہے۔

اجیت: (تلخ لہجہ) بڑی ذرّہ نوازی آپ کی — لیکن ایسا لگتا ہے کہ چاند ابھی تک بدلی میں چھپا ہوا ہے۔

چرن: چاند — یعنی میری لڑکی!

اجیت: جی ہاں۔ اُن کے دیدار نہیں ہوئے ابھی تک!

چرن: (ہنستا ہے) چاند قریب کب آتا ہے ہونے والے داماد — وہ تو دور ہی دور رہتا ہے۔

اجیت: آپ کی مرضی — اب کیا میں جاؤں۔؟

چرن: بدلی میں چھپے ہوئے چاند کو دیکھے بغیر کیسے چلے جاؤ گے — ٹھہرو میں اُسے بلاتا ہوں۔ (بلند آواز میں گا کر)

تو کونسی بدلی میں میرے چاند ہے آجا — اے میرے چاند کے ٹکڑے، میری آنکھوں کی نور، دل کے سرور، کلیجے کی ٹھنڈک اور میرے ہونے والے داماد کی منظورِ نظر — ذرا اوپر آسمان سے اُتر کر نیچے زمین پر آجا۔

اجیت: (خوشی) شکر ہے، اتنی دیر میں کچھ کام کی بات تو ہوئی۔

چرن: ایسا لگتا ہے کہ تم کچھ کچھ رشتہ خطی ہوئے جا رہے ہو۔

اجیت: (شرما کر) وہ ذرا — میرا مطلب ہے کہ آپ کی صاحبزادی کا سامنا

کرنا ہے ــــ ذرا شرم آ رہی ہے۔

چرن: (ہنستا ہے) تمہیں شرماتے دیکھ کر میری سمجھ میں نہیں آتا لڑکی کیسے سمجھوں ــــ وہ جواہر پرسے اُسے یا تمہیں؟

اجیت: (حیرت) آپ کی بہت سی باتیں میری سمجھ میں نہیں آتیں۔؟

چرن: آجائیں گی آجائیں گی۔ میری باتیں بہت سوں کی سمجھ میں نہیں آتیں۔ (ہنستا ہے) اچھا میں دیکھتا ہوں اور اُسے لیکر آتا ہوں۔

اجیت: (خود کلامی) بیٹا اجیت، بڈھا تو کچھ خبطی معلوم ہوتا ہے۔ بہتر ہے کہ میں اختر کے مشورے پر عمل کرتے ہوئے خود بھی ایسی ہی باتیں کروں۔ جب یہ اُکتا جائے تو یہاں سے بھاگ لوں ــ بس یہی طریقہ بہترین ہے۔ اور اس بڈھے سے چھٹکارا حاصل کرنے کا واحد ذریعہ!

چرن: (دُور سے قریب آتے ہوئے) شاید وہ سولہ سنگھار میں مصروف ہے ہونے والے داماد۔

اجیت: بس تو میں چلتا ہوں جناب!

چرن: (حیرت) ابھی سے! نہیں بالکل نہیں ــــ بیٹھو اور کوٹ اتار دو۔ اب میں تمہیں کسی اور ہی نظر سے دیکھنے لگا ہوں۔

اجیت: (گھبرا کر) یعنی ــــ کیا مطلب۔؟

چرن: کوٹ اتارنے کے بعد تم رنگ برنگا جمپر پہنی ہوئی لونڈیا نظر آنے لگو گے۔ (ڈانٹ کر) اُتارو کوٹ۔

اجیت: (گھبراہٹ) کـ ــ کـ ــ کیا مطلب۔ آپ کا دماغ تو ٹھیک ہے۔ دیکھئے مجھے کبھی کبھی پاگل پن کا دورہ پڑ جاتا ہے۔

چرن: اس سے کیا فرق پڑتا ہے۔ شادی کے بعد تمہیں ویسے بھی پاگل

ہو جانا ہے۔ شاباش! تم نے کوٹ اتار دیا — اب بولو۔؟

اجیت: (غصہ) کیا بولوں سمجھ میں نہیں آتا۔

چرن: کیوں — کیا تمہاری زبان نہیں ہے — بیوی کو کیسے قابو میں رکھو گے۔؟

اجیت: (پاگل کی اداکاری شروع کر دیتا ہے) بھاڑ میں جاؤ تم اور تمہاری بیوی — میرا مطلب ہے تمہاری لڑکی — میں خود ہی قابو میں نہیں رہتا۔ جانتے نہیں کہ میں خطرناک قسم کا پاگل ہوں۔

چرن: اور تم بھی یہ جان لو جمپر والی کہ میں پاگلوں کا باپ ہوں — (خوفناک قہقہہ) بولو — شکل سے لگتا ہوں کہ نہیں؟

اجیت: (غصے سے چلاّ کر) خبردار — مجھ سے مت بولو۔ میں پاگل ہوں پاگل۔

چرن: (ہنستا ہے) بڑی خوشی ہوئی تم سے مل کر — خوب گذرے گی جو مل بیٹھیں گے دیوانے دو — مجھے عرصے سے ایک پاگل کی تلاش تھی۔

اجیت: (آواز میں پاگل پن) — کیوں — بولو بڈھے کیوں۔؟

چرن: (نرمی سے) اس لئے کہ میں پاگلوں کو توڑ مروڑ کر رکھ دیتا ہوں۔ (بھیانک ہنسی) ککڑی کی طرح چبا جاتا ہوں۔

اجیت: ہنسو مت — میں بھی ہنسنا جانتا ہوں۔ میں بھی قہقہہ لگا سکتا ہوں۔ (پاگلوں جیسی بلند ہنسی) دیکھا؟ کیسی ہنسی تھی؟

چرن: یہ تو کچھ بھی نہیں۔ میری ہنسی دیکھو (اجیت سے زیادہ خوفناک طریقے پہ ہنستا ہے) مجھ سے ہنسنے کا مقابلہ کرو گے۔؟

اجیت: (نرم لہجہ) آدمی بنو آدمی ——— جانوروں کی طرح کیوں ہلس رہے ہو۔؟

چرن: (بگڑ کر) یعنی میں جانور ہوں ——— اگر ایسا ہی ہے تو تم بھی جانور ——— ڈراون کی تھیوری بھول گئے۔ تم بھی بندر میں بھی بندر۔

اجیت: (بیحد غصہ) بکواس بند کرو۔

چرن: (نرمی) ناراض مت ہو۔ تم کھڑی تھک گئی ہو گی۔ اپنی دُم سے جگہ صاف کرکے بیٹھ جاؤ۔

اجیت: دُم ——— کیسی دُم۔ تم اپنے ہوش میں تو ہو۔؟

چرن: بالکل ہوش میں ہوں ——— دیکھو، میری دُم کی طرف دیکھو ——— ہل رہی نا ——— بس اس طرح ہلاؤ۔ شاباش۔

اجیت: (غصّے سے چلّا کر) خاموش ——— دُم ہوگی تمہارے۔

چرن: (نرمی) ناراض مت ہو رنگا رنگا جمپر پہننے والی لڑکی۔ تمہاری عمر کم ہے اسلئے دُم بھی چھوٹی ہے ——— ہلاؤ اُسے ہلاؤ۔

اجیت: (چلّا کر) دماغ خراب ہے تمہارا ——— ارے رے میری طرف کیوں بڑھ رہے ہو۔؟

چرن: (محبّت کا لہجہ) قریب آؤ ڈارلنگ ——— جمپر والی ڈارلنگ قریب آؤ۔

اجیت: (دہاڑ کر) بکواس بند کرو۔ میں تمہیں ڈارلنگ نظر آتا ہوں۔؟

چرن: پھر اور کیا نظر آتی ہو ——— گدّی پر چھائے ہوئے بال، کانوں کو ڈھکے ہوئے یہ گوچھے۔ داڑھی مونچھیں صفا چٹ۔ آنکھوں میں سُرمہ۔ پھولدار جمپر اور غرارہ نما پتلون ——— تم ڈارلنگ نہیں تو اور کیا ہو؟

(بے ڈھنگی ہنسی) جواب دو چھیر والی ڈارلنگ ؟

اجیت: (غصہ) چپ رہو بڈھے۔ ورنہ میں کچھ کر بیٹھوں گا۔ ہاں۔

چرن: کیا کر بیٹھو گی ڈارلنگ۔ شرماؤ نہیں، میرے قریب آؤ۔ آؤ۔ آؤ۔

اجیت: (بے حد غصہ) بکواس بند کرو ورنہ نتیجہ اچھا نہ ہوگا۔

چرن: نتیجہ تو نکل آیا ڈارلنگ۔ تم پاس ہو گئیں ۔۔۔۔۔ آؤ۔ آؤ۔
میرے پاس آؤ۔

اجیت: (غصہ) اُفوہ! ۔۔۔ ابے چپ رہ ورنہ میرا ہاتھ اٹھ جائے گا۔

چرن: ہاتھ اٹھ جائے گا (تھیٹریکل انداز میں ہنستا اور بولتا ہے) کیسے
اُٹھ جائے گا۔ ع

نہ خنجر اٹھے گا نہ تلوار ان سے
یہ بازو میرے آزمائے ہوئے ہیں۔

اجیت: (غصہ) میں ۔۔ میں ۔۔ بھگوان قسم میں یہ اسٹول اٹھا کر
دے ماروں گا ۔۔۔ سمجھا۔ ؟

چرن: (بری طرح ہنستا ہے) واہ ذرا۔ شعر درست کرکے دوبارہ ارشاد
ہے۔ ع

نہ خنجر اٹھے گا نہ اسٹول ان سے
یہ بازو میرے آزمائے ہوئے ہیں۔
ٹھیک ۔۔۔ ؟

اجیت: (بے چین کر) خاموش ۔۔۔ مشاعرہ بند کر دے ورنہ مار ڈالوں گا۔

چرن: (تھیٹریکل انداز) دھمکی دیتی ہو ۔۔۔ ہاہاہا ۔۔۔ چھیر والی لونڈیا، تو خود سے
نہیں آئی ہے، تیری قضا یہاں کھینچ لائی ہے۔

اجیت: دیکھو۔۔۔ دیکھو اس بار سچ مچ مار ہی بیٹھوں گا۔۔۔ سمجھے؟

چرن: (تھیٹر کا انداز) کیا کہا۔۔۔ ایک اور اعلانِ جنگ۔ نو بہر کدھر ہیں تیرے تیر و تفنگ۔؟

اجیت: (گھبرا کر) خبردار۔۔۔ آگے مت بڑھنا۔ آگاہ کئے دیتا ہوں۔

چرن: (وہی انداز) ہا ہا ہا۔۔۔! ہہ

آگاہ تیری موت سے کوئی بشر نہیں
ارے سامانِ سو برس کا ہے پل کی خبر نہیں۔

کیسی کہی۔؟

اجیت: (نرمی۔ لجاجت) اماں او بڑے میاں۔۔۔ کیوں تم پر مشاعرہ سوار ہو گیا ہے۔؟ باز آؤ بھائی۔

چرن: (وہی تھیٹریکل انداز) سوار۔۔۔ ہا ہا ہا۔۔۔ او بدکردار و نابکار وقت پر بیدار نہ ہشیار۔ نکال اپنی تلوار اور سنبھال میرا وار۔!

اجیت: ارے بھائی۔۔۔ بھگوان کے لئے مجھے کیوں ڈرا رہا ہے۔ میں ڈرانے پر آؤں گا تو رو دے گا۔

چرن: (وہی انداز) اکبر کسی سے نہیں ڈرتا سلیم۔ تمہاری انارکلی کے پھولدار جمپر کی قسم، ہم تمہیں کچھ نہ کہیں گے۔۔۔ آؤ انارکلی۔ پھولدار جمپر والی انارکلی۔۔۔ ہمارے قریب آؤ۔ آؤ ڈارلنگ آؤ۔

اجیت: (غصّہ سے چلّا کر) خبردار، پیچھے ہٹو۔

چرن: اکبری فوجیں آگے بڑھنے کے بعد پیچھے نہیں ہٹا کرتیں انارکلی۔

اجیت: (غصّہ۔ چیخ کر) میرا راستہ کیوں روک رہے ہو۔ ہٹ جاؤ سامنے سے۔ دروازہ مت روکو اور مجھے باہر جانے دو۔

چرن: (دہی انداز / بخدا ــــ ہم دروازے سے نہیں ہٹیں گے اگر پھولدار جمپر والی انار کلی ہمیں نہ ملی۔

اجیت: (چلّا کر) ارے بھگوان کہاں پھنس گیا ــ ہٹ جاؤ سامنے سے۔

[ایسی آوازیں جن سے دھینگا مشتی ظاہر ہو۔ چرن داس اور اجیت برابر چیخ رہے ہیں]

چرن: (دہی انداز) نہیں ہٹوں گا۔ اکبری فوج دروازے کے باہر کھڑی ہوئی ہے۔ اس سے پہلے کہ اکبری فوج کا لمبا سایہ، تمہاری موت بن کر تم پر چھا جائے ــ اپنا رنگ برنگا جمپر ہمارے حوالے کردو۔

اجیت: (چلّا کر) ارے یہ جمپر نہیں بش شرٹ ہے بش شرٹ۔

چرن: ہوگی لیکن ہے جاگو مت۔ میری انار کلی ابھی آتی ہے۔ تم اُسی کے لئے آئے تھے نا۔ بر دکھاوے کے لئے۔

اجیت: (غصّہ) جہنّم میں گیا بر دکھاوا اور تم ــ نہ جانے تمہیں اچانک کیا ہو گیا ہے ــ میں تو......

چرن: مجھے عشق ہو گیا ہے۔ تم سے، تمہاری انار کلی سے اور تمہارے پھولدار جمپر سے۔

اجیت: اچھا اب بہت ہو گیا ــ دروازے کے سامنے سے ہٹ ہٹ جاؤ اور مجھے جانے دو۔

چرن: جو یہاں ایک بار آ گیا۔ پھر واپس نہیں گیا۔

[دروازے پر دستک]

اجیت: شکر ہے بھگوان۔ کوئی تو آیا۔

چرن: مہارانی جودھا بائی ہوں گی ــ خبردار میری شکایت نہ کرنا۔

ٹھہرو میں دروازہ کھولتا ہوں۔

عورت: (ناراضی سے) یہ دروازہ کیوں بند کر لیا تھا اندر سے — اور آپ کون ہیں؟

اجیت: (گھبراہٹ) ہاں — میں تو بہن جی....

چرن: یہ بر دکھاوے کے لئے آئے ہیں۔ اب لاؤ کوئی لڑکی پکڑ کے انکے لئے۔ (ہنستا ہے)

عورت: (ناراضی سے) تم چپ رہو جی۔ کیوں کسی بھلے مانس کو پریشان کر رہے ہو۔

چرن: بھلے مانس کو یا بن مانس کو — ہی ہی ہی ہی۔

عورت: (غصہ) تم نے ناک میں دم کر دیا — معلوم ہوتا ہے آج پھر دورہ پڑا ہے۔

اجیت: (حیرت سے چیخ کر) دورہ — کیا مطلب ہے آپ کا۔؟

[چرن داس قہقہے لگا رہا ہے]

عورت: آپ کس لئے آئے تھے یہاں۔؟

اجیت: بہن جی در اصل بر دکھاوے کے لئے آیا تھا۔ پتا جی نے بھیجا تھا۔

عورت: (حیرت) بر دکھاوے کے لئے۔

چرن: ہاں یہ پھولدار چہرے والی انار کلی ہیں۔ ہا ہا ہا۔ شہزادہ سلیم نے بھیجا ہے چرن داس کے پاس — چلو لڑکے چرن چھوؤ۔

اجیت: (چیخ کر) خاموش رہو کیوں کان کھائے جا رہے ہو۔

عورت: (گلوگیر لہجہ) انہیں کچھ مت کہئے — ایسے آدمی سے اتنی روکھائی سے بات نہیں کرتے۔

چرن: ہاں ہاں ایسا اور ویسا ہی آدمی ہوں۔ چرن داس۔ چلو۔ چرن چھوؤ۔

اجیت: خاموش رہو بھائی خاموش رہو۔ معاملے کو سمجھنے دو۔

چرن: میں تو خاموش ہوں لیکن یہ ضرور بولیں گی، تمہاری ہونے والی ساس۔
دیکھو میں اِن کا کتنا وفادار ہوں۔ اِن کے سامنے میری دُم کتنے
زور سے ہل رہی ہے۔

اجیت: (جل کر) کتنی ہی ہلاؤ۔ رہے گی وہ ٹیڑھی کی ٹیڑھی ہی۔ (خود کلامی)
نہ جانے کون سا چکر ہے۔؟

عورت: چکر تو کچھ نہیں بھیا۔ سب تقدیر کا چکر ہے۔

اجیت: جی ہاں — میری بھی تقدیر کا چکر ہے جو یہاں آ پھنسا۔ مجھے معلوم
نہ تھا کہ وکیل چرن داس ایسے ہوں گے۔

عورت: (حیرت سے) وکیل چرن داس!

چرن: میں ہوں میں — مجھے دیکھو، میں چرن داس وکیل ہوں — چلو،
دونوں جھک کر چرن چھوؤ۔

عورت: (افسوس کے ساتھ) تم غلط گھر میں آ گئے بھیا — چرن داس وکیل
کا گھر تو برابر والا ہے۔

چرن: اور یہ گھر مہارانی جودھا بائی کے پتی اکبر اعظم کا ہے — ہی ہی ہی۔

اجیت: (پریشانی) بہت بڑی غلطی ہو گئی — میں نے یہ دروازہ کھٹکھٹایا
انھوں نے کہہ دیا کہ یہی وکیل صاحب ہیں۔

چرن: بالکل ہیں — کون سا مقدمہ ہے؟ جھولدار جمپر والی انار کلی؟

عورت: (جلدی سے) ناراض مت ہونا ناراض مت ہو (جھجکتے ہوئے)
بات یہ ہے کہ یہ میرے پتی ہیں۔ دو سال سے پاگل ہیں۔

اجیت : (حیرت سے چیخ کر) پاگل — ! ارے باپ رے !

عورت : معاف کرنا بھیّا اگر انھوں نے تمھیں پریشان کیا ہو۔

اجیت : (گھبراہٹ) نہیں نہیں — زیادہ پریشان نہیں کیا۔
میں چلتا ہوں بہن جی۔

چرن : بخدا — ہم وہ روزِ بد نہیں دیکھیں گے جب ہماری انار کلی ہم سے روٹھ کر چلی جائے — مان سنگرہ ! نکالو اپنی تلوار اور اُڑا دو اِس کی گردن — ہا ہا — بھاگ جاؤ انار کلی ورنہ میں تمہیں کاٹنے کو دوڑتا ہوں — بھوں بھوں بھوں بھوں — بھاگو —۔

عورت : (ڈانٹ کر) خاموش رہو۔ کسی شریف آدمی کو کیوں پریشان کرتے ہو۔

چرن : (گاتا ہے) او جانے والے ہو سکے تو لوٹ کے آنا — او جانے والے ....

[چرن اِس کبھی گاتا ہے کبھی بھونکتا ہے۔ اجیت سر پیٹتا چلاّتا مائک دور چلا جاتا ہے]

فیڈ آوٹ

ایک دن کا سُلطان

کردار: خلیفہ شدّو: دلّی کے پرانے اور اَن پڑھ کرخندار۔ پہلوانوں کے اُستاد

ممتاز پہلوان: اَن پڑھ۔ خلیفہ کا دوست اور چہیتا شاگرد۔

پیارے لال سکینہ: خوب موٹا تازہ۔ اَن پڑھ دلّی کا لالہ۔ خلیفہ کا دوست اور شاگرد۔

بیوی: خلیفہ شدّو کی سیدھی سادی بیوی۔ لیکن خلیفہ پر حاوی۔

ممدو: محلّے کا بہشتی۔

نظام سقہ: ایک دن کا سلطان۔ اَن پڑھ۔ کرخنداری لہجہ۔

خانخاناں بیرم خاں: اکبر اتالیق۔ ہمایوں کا وزیر اعظم۔

بینظیر بائی: چاوڑی بازار دلّی کی گانے والی۔

بُندو: گانے کا شوقین، ایک عام آدمی۔

حاجب: دربار میں آواز لگانے والا۔

پیشکار: ایک درباری ملازم

(اور چند ملی جلی آوازیں)

[نغمہ فیڈ اِن ——— چند لمحے بجتا رہتا ہے ——— فیڈ]

پیارے لال: (دُور سے) اماں اُستاد ——— اندر آ جاؤں ویئی؟

ممتاز: میں بھی آ گیا ہوں خلیفہ۔ میں بھی آ جاؤں۔؟

خلیفہ: آؤ بھئی آؤ ——— میں سوچ ہی رہا تھا کہ نہ جانے تم کاں غاب ہو گئے اِتّے دِن؟

پیارے: استاد تمہاری اکھاڑے والی زمین کے لئے بھاگ دوڑ کر رہے تھے ہم دونوں۔
کوئی ٹھنڈک سیلک سے تھوڑی بیٹھے وے تھے!

ممتاز: وکیل کئے رہا ہے کہ مقدمہ کرنا ہی پڑے گا خلیفہ۔

بیوی: (دور سے قریب آتے ہوئے) اے کون آیا ہے صبو ہی صبو کس سے
مغز پچی کر رئے ہو؟

ممتاز: سالا مالیکم بھابی۔

پیارے: جے رام جی کی بھابی جی۔ اکھاڑے والی زمین کے بارے میں بتلانے آئے
ہم دونوں تھے۔ وِس مالے میں جان بنیق ہیں آئی وی ہے۔

بیوی: اچھا اچھا بیٹھو ——— میں بادام گھونٹ کر بھیجتی ہوں ——— جانا نئیں۔

ممتاز: ٹھنڈائی پئے بغیر کیسے جا سکتے ہیں بھابی ——— خلیفہ کا مال تو ہضم
کرنا ہی ہے۔ (ہنستا ہے)

خلیفہ: (ہنس کر) ابے یار سب کچھ تیرا ہی ہے ——— فکر کیوں کر رہا ہے؟۔
آرام سے بیٹھ۔

ممتاز: مگر اُستاد ـــــ یہ بھابی نے آج کس طریوں محبت جھاڑ دی۔
ہمیں دیکھ کر تو پہلے دِن کی ناک آسمان کی طرف اُٹھ جاتی تھی۔
ہونٹ نیچے کی طرف جھک جاتے تھے اور آنکھیں پھٹ جاتی تھیں۔!

خلیفہ: (ٹھنڈی سانس بھر کر) اماں یہ محبت بھی دکھاوے کی ہی ہے۔ ہاتھی کے دانت کھانے اور دکھانے کے اور۔

پیارے: ہاتھی کے یا ہتھنی کے ـــ (ہنستا ہے)

خلیفہ: (ڈانٹ کر) ابے چُپ ـــ کیا اپنی کھال اُدھڑوائے گا ـــ سُن لیا بیٹا تو ٹھنڈائی نہیں آئیگی بلکن چھٹی کا دودھ آجائے گا یاد دلانے کیلئے۔

پیارے: (ہنستا ہے) اُستاد! ـــ قسم ہے اڑن جھلّے کی بہت دِنا سے ہنسی نئی آئی تھی ـــ تمہیں دیکھتے ہی آگئی۔

خلیفہ: ہاں ہاں ـــ میں سرکس کا جوکر جو ہوں۔

ممتاز: استاد سرکس کے جوکر تو نئیں، دِسی کی توپ کا گولا تو بنے وے ہی ہو۔ (ہنستا ہے)

پیارے: رام قسم کھا کھا کے توپ کا گولا ہی بن گئے ہو۔ کس چکّی کا پسا ہوا کھارئے ہو آجکل؟۔

خلیفہ: (ہنس کر) دیکھ یار چونسٹھ کی نئی ہوگی۔

ممتاز: بھابی شاید اپنے ہاتھ سے کھلاتی ہیں خلیفہ۔

خلیفہ: وہ آجائیں بیٹا تو دِن کے سامنے کہیو ـــــ پھر دیکھ تیری کیا حالت ہوتی ہے؟

پیارے: اماں تو منتیاز پہلوان غلط تھوڑے ہی کہ رئے ہیں ـــ تم خود کو دیکھو تو سہی۔ جمّہ مسجد کا گنبد بنے وے ہو اِن دنوں۔

خلیفہ: ہاں بھئی۔ ان دنوں ذرا اکھاڑے میں جانا کم ہو رہا ہے۔ ہر وقت کی جھک جھک کِل کِل۔ سُسری زمین ہاتھوں سے نکل جا رئی ہے۔ اکھاڑا نہ ہوگا تو اپنے پٹھے کس پہ کسرت کریں گے؟

ممتاز: ہاں بات تو ہے۔ کسرت کرنی تو ضروری ہے۔

خلیفہ: تیری بھابھی کہتی ہیں کہ ہاتھ پیر ہلانے کا ایسا ہی شوق ہے تو کسی کام کاج میں ہلاؤ ــــ اب بھلا بتا کیا ہل میں جُت جاؤں؟

پیارے: بھابی ٹھیک کہتی ہیں اُستاد۔ یوں گذارا کس طریوں ہوگا۔؟

ممتاز: تم سے کام کاج کاں ہوگا۔ چربی تو چڑھ گئی ہے بدن پر!۔

خلیفہ: (فکر مند لہجہ) گھُلا تو رہا ہوں چربی کو۔ دُبلا ہونے کا ایک نسخہ آزمایا ہوں بہت دِنا سے۔

پیارے: کون سا نسخہ اُستاد؟

خلیفہ: یار ایک گول گول سی چیز ہے ــــ اَمری خاں والوں نے بنائی ہیں۔

پیارے: (حیرت) امری خاں ــــ یہ کون ہے بھئی؟

ممتاز: میرے خیال ہیں خلیفہ امریکا کو کہ رہتے ہیں، مُو لک ہے مُو لک۔ اَمری قا۔

پیارے: اچھا ــــ تو کیا چیز بنائی ہے وُنھوں نے؟

خلیفہ: ایک گول سی چیز ہے۔ بجلی لگا کے بدن پہ پھیرتے ہیں۔

ممتاز: اچھا اچھا سمجھ گیا ــــ رُولر ہوگا رُولر ــــ

خلیفہ: بھئی اپنے سے گیٹ پٹ والے نام یاد نئی رہتے رولار۔ ہی سہی۔ بس تو میں نے دِس سے بدن پر پھیرا۔ دو گھنٹے صبح دو گھنٹے شام۔

پیارے: تو کیا وِس سے چربی گھُل گئی؟

خلیفہ: نئی یار ــــ وہ رُولار ہی پتلا ہو گیا۔

[ہنستا ہے، ممتاز اور پیارے بھی ہنستے ہیں]

ممتاز : کیوں نہ ہو۔ کہاں بھی تو تمہاری گینڈے جتنی موٹی ہے۔

[ہنستا ہے]

خلیفہ : اچھا یہ تو بتاؤ کہ تم دونوں آئے کیوں ہو؟ میں جانتا ہوں کہ بنا مطبل کے آ سکتے نئیں؟ اکھاڑے والی بات تو بہانہ ہے تمارا۔؟

پیارے : (عاجزی سے) خلیفہ ذری تمہاری مدد چاہیئے یار۔

خلیفہ : کس کام میں؟ ــــ کیسی مدد؟

ممتاز : یار استاد اِس کا راج کمار جو ہے نا ــــــ وہ سالا قلعے کی فصیل کے بیچ والے گنبد میں جا کے بیٹھ گیا ہے۔

پیارے : بس استاد پھڑ پھڑاتا دا اُڑا اور وِس جنگہ جاکے بیٹھ گیا۔ لاکھ بلانے پر بھی نیچو نئی آتا۔

خلیفہ : یہ تو یار د․ فعی بُریائی کی بات ہوگئی ــــــــ پھر تُونے کیا کیا۔ کیا سیٹی بجائی۔؟

پیارے : (پریشانی سے) سیٹی بھی بجائی اور چھپکا بھی لہرایا۔ مگر استاد وہ تو یوں آنکھیں موند کے بیٹھ گیا جیسے سالا پہچانتا ہی نئیں!

خلیفہ : حد ہوگئی یار ــــ واں تو وِسے بلّی کھا جائے گی۔

پیارے : یہی تو میں بھی سوچ رہا ہوں۔ جان ضیق میں آ گئی دی ہے خلیفہ۔

ممتاز : (بے چینی سے) کوئی ترکیب ورکیب سوچو استاد ــــ راجکمار پانچسو سے کم کا نئی ہوگا۔

خلیفہ : ہاں یہ بات تو ہے۔ (جلدی سے) اچھا تو یوں کرتے ہیں کہ قلعے تو ڈی چلتے ہیں۔

پیارے: چلو چلو — لیکن واں جا کے کیا ہوگا۔؟

خلیفہ: میں ایک لمبی وائی بیٹری سا تھ لے چلوں گا۔

پیارے: اچھا ٹارچ — چلو لے لی — پھر؟

خلیفہ: جس جنگہ راجکمار چھپا وا بیٹھا ہے۔ وس جنگہ ٹارچ کی لیٹ ماروں گا۔

ممتاز: ماردی — پھر؟

خلیفہ: بیٹری سے لے کے قلعے کے گنبد تک لیٹ کا ایک رستہ بن گیا ناں؟

پیارے: ہاں — بن تو گیا — پھر؟

خلیفہ: اب یوں ہوگا کہ میں قلعے کے نیچے فصیل کے پاس کھڑے ہوکر ٹارچ جلاؤں گا اور وِس کی لیٹ وِس جنگہ ماروں گا جہاں راجکمار بیٹھا وا ہے۔

ممتاز: مان گئے — اِس کے بعد؟

خلیفہ: اب پیارے لال تُو یوں کریو کہ جھٹ تنا فی سے لیٹ کے وِس رستے پہ چڑھ جا ئیو۔ اور رسان رسان چل کر گنبد تک پہنچ جا ئیو اور پھر جلدی سے ہاتھ بڑھا کر اپنے قبوتر کو پکڑ لیجیو — [بُری طرح ہنستا ہے] کیوں، کیسی آسان ترکیب ہے۔

پیارے: (سوچتے ہوئے) ہاں، ترکیب تو اچھی ہے خلیفہ، لیکن مجھے مالوم ہے کہ تم وِس وَخت دِل لگی کر جاؤ گے مجھ سے۔

خلیفہ: (تعجب سے) کون سی دل لگی کر جاؤں گا دینی۔؟

پیارے: خلیفہ میں اچھی طریوں جانتا ہوں جس تو ڑی میں لیٹ کے رستے پہ چل رہا ہوں گا اور جب بیچم بیچ میں پہنچ جاؤں گا تو......

ممتاز: تو کیا —؟

پیارے: تو یہ منتیا نہ پہلوان کہ خلیفہ وِس تو ڑی جھٹ تنا نی سے ٹارچ

بجھادیں گے اور میں دھڑام سے نیچے گر پڑوں گا۔

ممتاز: (ایکدم قہقہہ لگاکر) واہ بھئی واہ —— خوب لایا۔

[ہنستا رہتا ہے] یہ نئی چھوڑی۔

خلیفہ: (ہنسی کے درمیان) ارے تُو مجھے ایسا ہی گاؤدی سمجھا ہے پیارے لال۔

تیرا بھیجا کدی کدی کام خوب جاستی کرتا ہے ویئی

ممتاز: اچھا چھوڑو اس جنجلس کو —— اب قلعے تو ڈی تو چلو۔

پیارے: ہاں استاد —— قسم اُرٹن جھلے کی مرجائے گا راجکمار۔

خلیفہ: بس تو چلو —— وئیں گھاس پہ بیٹھ کے سوچیں گے۔ اور ذرا تیل مالش بھی کروائیں گے۔

بیوی: (دور سے) اے میں پوچھتی ہوں کون جا رہا ہے کاں جا رہا ہے؟

خلیفہ: ہات تیرے کی۔ اب بول پیارے لال —— منّے کی اماں نے سیہ سُن لیا ہے پیارے۔

پیارے: (پکار کر) بھابی کئیں نئی جا رئے۔ بس ذری باغ تو ڈی جارئے ہیں؟

بیوی: (دور سے) —— کیوں، کیا واں زندہ اور چلتے پھرتے پھول دیکھنے ہیں۔؟

ممتاز: (گڑبڑا کر) نہیں بھابی —— وہ —— ذرا —— یانی کہ...

بیوی: (دور سے) تم جاؤ مگر اس لکھٹو مردوے کو کیوں لے کے جارئے ہو؟

پیارے: (جھجکتے ہوئے) وہ —— بات یہ ہے بھابی کہ میرا قبوتر قلعے کے گنبد میں جاکر بیٹھ گیا ہے۔

بیوی: (قریب آتے ہوئے) اے ہئے، اِن نگوڑے مارے قبوتروں کا پٹن کب ختم ہوگا۔؟

خلیفہ: (جلدی سے) قبوتر میرا نئی پیارے لال کا ہے۔ واں بیٹھا رہا تو بلّی

کھا جائے گی۔

بیوی: (جل کر) تو کھانے دو۔۔۔ اللہ میاں نے بلی کا بھی پیٹ بنایا ہے۔

خلیفہ: (پریشانی سے) اُفوہ! ۔۔۔ تم سمجھتی تو ہو نہیں ۔۔۔ ارے بھئی اُسے کچھ دانہ پانی ہی دے آئیں۔

بیوی: (یاد کر کے) پانی! ۔۔۔ ائے میں کہتی ہوں اپنے ہاں بھی تو پانی نہیں آ رہا نل میں ۔۔۔ ذرا نیچو جائے سقے سے کہو دو مشکیں ڈال جائے۔

خلیفہ: (جھلا کر) میں کہہ چکا ہوں وہ بس آنے ہی والا ہو گا۔ اب تم اپنے اس ریکارڈ پر سے ذری سوئی ہٹاؤ اور دوسرے کی بھی سنو۔

بیوی: (ناراضی سے) اوہو! ۔۔۔ اب میرا بولنا اتنا بُرا لگنے لگا۔ وہ دن بھول گئے جب یہی آواز تمہیں شہد سے بھی میٹھی لگتی تھی!

خلیفہ: ارے بھلی مانس وہ جوانی کی باتیں تھیں جوانی کی۔ اس وقت تو مجھے کوّے کی آواز بھی پیاری لگتی تھی۔

بیوی: (رونے کی کوشش کرتے ہوئے) تم ۔۔۔ تم ۔۔۔ اِن دونوں کے سامنے میری بے عزتی خراب کر رہے ہو!

خلیفہ: (گھبرا کر) ارے رے ۔۔۔ رو کیوں رہی ہو ۔۔۔ منتیاز اور پیارے کوئی غیر تھوڑے ہی ہیں۔ اپنے ہی ہیں۔

پیارے: اچھا خلیفہ میں تو چلا۔ (ہلکی آواز میں ممتاز سے) آ جاؤ منتیار پہلوان۔ یاں تو پانی پت کا میدان بن رہا ہے ویٹی۔

ممتاز: (ہلکی آواز) ٹھیک کہہ رہا ہے یار ۔۔۔ اب تو اس جگہ اکھاڑہ بننے لگا۔ (بلند آواز) اچھا اُستاد چل رہا ہوں ۔۔۔ پھر آؤں گا۔

خلیفہ: (پکار کے) ۔۔۔ ارے پیارے لال ۔۔۔ ارے سُن تو سہی ۔۔۔ پیارے لال۔؟

بیوی: (غصّہ) جانے دو اِسے۔ ہر دَخت کی ڈھولک بناکر گلے میں لٹکا رکھا ہے!

ممدو: (دُور سے) مَشک لا رہا ہوں ـــــ مَشک لا رہا ہوں خلیفہ۔

خلیفہ: آجا بھئی آجا ـــــ در وتّے میں کھڑا وا کیوں چلّا رہا ہے۔؟

ممدو: (آواز قریب آتی جاتی ہے) آ رہا ہوں۔ آ رہا ہوں

بیوی: (پکار کے) اِئے بھائی ممدو دونوں مٹکوں میں بھر دینا۔ خالی پڑے وے ہیں۔

ممدو: بے فِکر رہو جی ـــــ دونوں ہی بھر دوں گا۔

خلیفہ: ابے یار ممدو ـــــ سُنا ہے تُو نے مَشک مہنگی کر دی ہے ـــــ ایک روپیہ کی بھر رہا ہے۔؟

ممدو: اماں تو کیا کروں خلیفہ۔ مَشک جِتنا پیٹ بھی تو ہے میرا اور پھر یہ مَشک تو ہرن کی ہے ہرن کی۔ آسانی سے تھوڑی ملتی ہے۔ پانی پیو تو مُو شک کی خوشبو آتی ہے مُوشک کی ـــــ ہاں۔

خلیفہ: بھئی واہ ـــــ یہ تو میں نے آج ہی سُنا ہے کہ کسی سقّے کی مشک میں سے خشبُو آتی ہے۔

ممدو: اب کیا کریں خلیفہ ـــــ ہم کوئی معمولی سقّے نہیں ہیں شاہی سقّے ہیں شاہی ہیں تو شروع ہی سے مُوشک استعمال کرنے کی عادت ہے۔

خلیفہ: (حیرت) شاہی سقّے! یار تُو ایسے کہ رہا ہے جیسے نظام سقّے کے خاندان سے ہو!

ممدو: اور نئی تو کیا ـــــ پہلوان نظام سقّہ میرے نانا کے دادا کے بھائی کی بیوی کے داماد کا لمڈا تھا ـــــ ہاں۔

خلیفہ: (حیرت) ہائیں ـــــ یار کیا کہ رہا ہے؟

ممدو: ٹھیک کہ رہا ہوں۔ وِس نے ایک دِنا ہمایوں بادشا کی جان بچائی تھی۔

باشّا خوش ہو کے بولا مانگ گیا مانگتا ہے۔ میرا یار ایک دن کی باشاہت مانگ بیٹھا۔

خلیفہ: ہاں بھئی سُنا تو میں نے بھی ہے۔

ممدو: نظام سقّے کی مشک وِس وخت توڑی ہے اِس وخت تک اپنے خاندان میں چلی آرئی ہے۔ میں کوئی مامولی سقّہ نئی ہوں اُستاد — اپنے خاندان کے ایک لمڈے نے راج کیا ہے راج — ہاں جی۔

خلیفہ: اچھا پیارے اب تو لمبا بن یاں سے اور چلتا پھرتا نظر آ۔ (نقل اتارتے ہوئے) راج کیا ہے — ہونھ!

بیوی: ممدّو آج تو عجیب باتیں کر رہا تھا۔

خلیفہ: وِسکی بَک بَک سے سر میں درد ہو گیا — اب تو کم رسیدھی کرنے کو جی چاہ رہا ہے۔ ذرا وہ گولیاں تو لا دو جو ڈانگڈر نے سر کے درد کے وَخت کھانے کو بتائی تھیں۔

بیوی: یہ لو یہ تو میرے پاس ہی ہیں — مگر سُنو، اب میں وِس موٹے ڈانگڈر کے پاس نئی جاؤں گی۔

خلیفہ: کیوں — وِس نے کیا کہا۔؟

بیوی: ائے نبض دیکھنے بیٹھا تو کم بخت کلائی پکڑ کے ہی بیٹھ گیا۔

خلیفہ: (غصّہ) ہائیں —؟

بیوی: کہنے لگا تمہاری کلائی بہت خب صورت ہے۔

خلیفہ: (دانت پیستے ہوئے) وِس کی یہ ہمّت! وِس نے تمہاری کلائی تو دیکھ لی لیکن شاید میرا ہاتھ نہیں دیکھا۔

بیوی: جب تم سے ملے تو دکھا دینا ہاتھ — میں تو اب مُنّے کے پاس جاتی ہوں۔

خلیفہ: (پیار سے) اور منّے کے ابا کے پاس کب آؤ گی؟

بیوی: آئے میری جوتی ــــ پڑے سڑتے رہو یاں پہ۔ تمہارے تو دیدوں کا پانی ڈھل گیا ہے۔ [آواز دور ہوتی جاتی ہے]

خلیفہ: (اطمینان کا ٹھنڈا سانس) ــــ (ہنستا ہے) یار عورت بڑی نٹی ہے بس ذرا انگوٹھے پر ہاتھ تو نہ دھرنے دیتی۔ (جماہی لیتا ہے) گولی کھالی ہے۔ اب ذرا کمر سیدھی کرلوں ــــ آہ ــــ آج تو کمر تختہ بنی ہوئی ہے۔ اکھاڑے میں بحث کرتے کرتے تھک گیا ــــ منتیاز سے کہوں گا دو قبالو (کی نقلیں بنوالے گا۔ سمجھا بلبلا ہوگیا آج تو ــــ یہ ممدو بھی بڑے مزے کی باتیں کرتا ہے۔ کہہ رہا ہے کہ نظام سقّے کی مشک بس کے خاندان میں آج تک چلی آرہی ہے ــــ کیا سچ ہے؟ ــــ ایسا تو نہیں کہ سالا شابڑے کی اڑا لایا ہو؟ ــــ مگر نہیں، ایسا ہو بھی سکتا ہے۔ (جماہی لیتا ہے) خاندان تو وہی ہے۔ اور پھر یہ لوگ مشکیں بھرنے محلوں میں بھی جایا کرتے تھے ــــ خوب تھا نظام سقّہ بھی ــــ سالے نے بادشاہ سلامت کی جان کیا بچائی کہ خود ہی بادشاہ بن بیٹھا ــــ واہ ــــ کتنا اچھا آدمی ــــ (جماہی) آدمی ــــ تھا۔

[ساز بجتا ہے۔ ماحول تبدیل کرنا ہے۔ فلیش بیک میں لیجانا مقصود ہے۔ اسی انداز کا ساز]

خلیفہ: ابے یار منتیاز ــــ یہ کون سی جنگہ ہے پیارے؟

ممتاز: خاموش رہو خلیفہ۔ ہم بادشاہ سلامت کے دربار میں آگئے ہیں۔

خلیفہ: کیوں آگئے ہیں؟

ممتاز: اوہ! یار تم تو ہر وقت انٹا غفیل رہتے ہو۔ اماں اپنی اکھاڑے والی

زمین پر کیا قبضہ نئی لینا ہے؟

خلیفہ: اماں ہاں یار ۔۔۔ یہ تو میں بھول ہی گیا تھا۔

پیارے: باشّا سلامت نے آج خاص دربار لگایا ہے استاد۔

خلیفہ: دربار ۔۔۔ اچھا ہاں ہاں۔ تو مطبل یہ ہے کہ ہم باشّا سلامت کے محل میں آگئے ہیں!

ممتاز: اور نئی تو کیا۔ ہم وِنہیں کے دربار میں چل رئے ہیں۔

خلیفہ: (خوش ہوکر) مار ڈالا یار ممتیاز ۔۔۔ میں نے بہت دِنا سے کوئی دربار نئی دیکھا ہے۔ سُنا ہے یار بڑی شان ہوتی ہے دربار میں۔ اور بہت سارے لمڈے وردیاں پہنے دے گھومتے رہتے ہیں۔

پیارے: ہاں یہ تو ہے۔

خلیفہ: اور ۔۔۔ (للچائی ہوئی آواز) اور یار وہاں مینا بازار بھی لگتا ہے۔ جس میں ڈھیر ساری لمڈیاں آتی ہیں!

پیارے: (گھبرا کر) اماں خلیفہ ۔۔۔ اِس کی نئی ہوگی ویئی ۔۔۔ یہ لمڈیوں کا چکّر اِس جنگہ نئی چلے گا۔ سُنا ہے باشّا سلامت گردن صاف کروا دیتے ہیں؟

خلیفہ: تیرا مطبل ہے گُدّی کے بال صاف کروا دیتے ہیں!

ممتاز: اماں نئیں ۔۔۔ جڑ سے اڑوا دیتے ہیں جڑ سے۔

خلیفہ: (دہشت) ابے مار ڈالا ۔۔۔ یہ تو بُری سنائی ۔۔۔ بڑی بُریائی کی جنگہ ہے یار۔

پیارے: اچھا خاموش ۔۔۔ ہم دربار میں آگئے ہیں ۔۔۔ بس بس اِسی جنگہ بیٹھ جاؤ۔

[ہلکا سا شور۔ مجمع ظاہر کرتا ہے]

ممتاز: بولنا مت خلیفہ۔ یاں ذری ادب سے بیٹھا جاتا ہے۔

خلیفہ: نئیں بھئی — کوئی میری ٹانٹ میں بھوڑا تھوڑی ہی اٹھا ہے۔ (خوشی سے) مگر یار بڑی سجاوٹ ہو رئی ہے یاں تو۔؟

ممتاز: وہ تو ہوگی ہی۔ باشا سلامت جو آنے والے ہیں — اچھا خاموش، وہ آدمی کچھ بولنے والا ہے۔

حاجب: (آواز دور سے قریب آتی جاتی ہے۔ بلند آواز میں) باادب — سرنگوں۔ ہوشیار۔ (دُہراتا ہے)

خلیفہ: (گھبرا کر) کیا گڑبڑ ہے یار — یہ ہمیں ہوشیار کیوں کر رہا ہے؟

پیارے: (ڈانٹ کر ہلکی آواز میں) اماں خاموش رہو خلیفہ — بالکل چپ۔

حاجب: باادب — باملاحظہ — ہوشیار — پلکیں زمیں بوس۔ نگاہیں سرنگوں — باادب باملاحظہ ہوشیار۔

خلیفہ: نہ جانے میرا یار کیوں بار بار ہوشیار کئے جا رہا ہے — کیا کوئی خطرہ ہے منتیاز؟

ممتاز: خاموش رہو خلیفہ — کیوں اپنی جان کے پیچھے پڑے دے ہو۔

حاجب: (بلند آواز) چراغِ دودمان — حضرتِ قدر قدرت — آسمان رفعت، کسریٰ حشمت — کوہ وقار — عالی جاہ صاحب قراں ظلِ اللہ، شہنشاہ نظام تشریف لاتے ہیں۔

خلیفہ: باشا سلامت کے ساتھ اِتّے سارے آدمی کیوں آ رئے ہیں بھئی۔؟

پیارے: یار چپ رہو — صرف باشا سلامت ہی آ رہے ہیں۔ باقی اِن کے القاب پکارے گئے ہیں۔

خلیفہ: مزے آگئے یار اِس نظام کے۔ سالا اپنے محلے ہی میں تو پانی بھرا کرتا تھا۔

ممتاز: جاستی ٹرپس کی نو جانتے ہو، یہ آج ہم سب سے بھی پانی بھروا دے گا۔ ہاں۔

حاجب: (بلند آواز) نگاہیں رُوبرو —— کواکب چشم —— بہرام صولت۔ عالی جاہ —— جہاں پناہ حضور نظام رونق افروز ہو رہے ہیں کورنش بجا لاؤ —— کورنش بجا لاؤ۔

خلیفہ: (گھبرا کر) کیا چیز بجاؤں پیارے لال —— کہیں ڈھولک کی بات تو نہیں کر رہا؟

پیارے: ابے ہاں خاموش —— خلیفہ تم سچ مچ مروا دوگے یار۔

ممتاز: (جلدی سے) دیکھو دیکھو، بادشا سلامت بیٹھ گئے۔ بیچ رہا ہے خلیفہ اپنا لمڈا۔

خلیفہ: جیسے گا کیوں نہیں —— وِس نے کپڑے ہی زرق برق پہن رکھے ہیں۔

پیارے: دیکھو، وہ داڑھی والا آدمی کچھ کہہ رہا ہے —— دھیان سے سُنو۔ خاموش۔

بیرم خاں: (ٹھہر ٹھہر کر بیحد ادب سے رعبدار آواز میں) حضورِ والا تبار —— آپ کا یہ خادم خانِ خاناں بیرم خاں ہے۔

نظام: بڑی خوشی کی بات ہے بھئی۔

بیرم: حضور یہ احقر خاندانِ مُغلیہ کے چشم و چراغ اور ولی عہدِ سلطنت شہزادۂ ولی نعمت جلال الدین محمد اکبر کا اتالیق بھی ہے۔ آج یہ کمترین حضور کی خدمتِ اقدس میں حاضر ہو کر وزیرِ اعظم کے فرائضِ منصبی

بقدرِ ہمت و طاقت انجام دینے کی سعادت حاصل کر رہا ہے۔

نظام: (گڑبڑا کر) کیا کہے رہا ہے دیئی۔ لمڈے باشا اپنی سمجھ میں ایک لَفظ بھی نئیں آیا۔؟

بیرم خاں: عالم پناہ — احقر یہ عرض کر رہا ہے کہ وہ آپ کا وزیر اعظم خانخاناں بیرم خاں ہے۔

نظام: یہ بھی بڑی خوشی کی بات ہے۔ کیو بھئی بیرم خاں اچھے تو ہو۔ بال بچے تو خیرت سے ہیں۔؟

بیرم: غلام پروری ہے حضور — خادم یہ عرض کرنا چاہتا ہے کہ خدمتِ اقدس میں آج مختلف مقدمات پیش ہوں گے عالی جاہ! حضور کو اُن پر اپنا فیصلہ صادر فرمانا ہے۔

نظام: فرمادیں گے فرمادیں گے — لیکن یار بہرام خاں؟

بیرم خاں: حکم ولی نعمت۔

نظام: اپنے لئے پیارے یہ کوئی نئی بات نہئیں ہے۔ اپنی برادری کے جھگڑے ٹنٹے بھی ایک ملٹ میں نپٹا دیا کرتا تھا۔ معمولی سی بات ہے۔

خلیفہ: (ہلکی آواز) اِس سے کہو مُنتیاز پہلوان کہ اپنے اکھاڑے کی زمین پر گڑبڑ ہو رہی ہے، اِس کا فیصلہ بھی کر دے۔

ممتاز: اماں چپ رہو۔ جاستی مت بولو ورنہ قسم اُڑن جھلے کی کھٹ سی گردن اُڑوا دے گا یہ — بتائے دیتا ہوں ہاں۔

خلیفہ: (ہلکی آواز) اچھا دربار ہے یار — چل تیرے کہنے سے خاموش ہوا جاتا ہوں۔

بیرم خاں: حضور انور — آج بارہ مقدمات عدالت شاہی میں پیش کئے

جائیں گے۔

نظام: یار میں عدالت میں جانے سے بہت گھبراتا ہوں۔ بڑی بےعزتی ہوتی ہے بیرام خاں۔

بیرم خاں: نہیں بندگانِ عالی ــــ عدالت آج آپ کی ہوگی۔ اُس کے قاضی بھی حضور آپ ہی ہوں گے۔

نظام: (خوش ہوکر) ابے ہاں یار یاد آگیا ــــ میں تو آج بادشاہ بنا ہوا ہوں۔ (ہنستا ہے) واہ بھئی واہ ــــ یقین ہی نہیں آتا۔ پر یار بیرام خاں؟

بیرم: عالی جاہ؟

نظام: وہ اپنے پہلے والے بادشاہ سلامت ہمایوں کہاں ہیں یار ــــ وہ نہیں بھی تو بلاؤ۔

بیرم: اعلیٰ حضرت، وہ آج ایک معمولی امیر کی مانند حضور کی کاروائی عدالت چھپ کر ملاحظہ فرما رہے ہیں۔

نظام: ان سے کہو کہ چھپنے والے سامنے آئے ــــ وہاں کھڑا کیا کر رہا ہے یار۔

بیرم: جہاں پناہ ــــ اصرار نہ فرمائیں کہ یہی مصلحتِ وقت ہے اور یہی انصاف کا تقاضا۔

نظام: اچھا بھئی جیسی تمہاری مرضی ــــ بعد میں مل لوں گا ان سے۔

بیرم خاں: ولیٔ نعمت ــــ مقدمات کی کاروائی شروع کرنے کی اجازت مرحمت فرمائی جائے۔

نظام: (خوش ہوکر) فرمادو ــــ فرمادو۔

بیرم خاں: پہلا مقدمہ چرونجی لال ڈھولک مل کا ہے حضور ــــ وہ عرض گذار ہے کہ اُس کی بیوی ایک شاہی حولدار کے ساتھ فرار ہوگئی ہے۔

نظام: (حیرت) یہ کیا چیز ہوتی ہے۔ ؟

بیرم خاں: فرار — یعنی بھاگ گئی ہے — چنانچہ عالم پناہ، وہ انصاف کا طالب ہے۔ انصاف مانگتا ہے۔

نظام: (جلدی سے) تو دے دو نا — مجھ سے کیا کہے رہے ہو۔

بیرم: نہیں ظلِ للٰہ — انصاف تو آپ ہی فرمائیں گے۔

نظام: اچھا! (سوچتا ہے) ہم انصاف فرمائیں گے — ہوں — اچھا تو پھر ایسا کرو کہ شاہی حولدار کی بیوی کو پکڑ کر چرونجی لال ڈھولک مل کے ساتھ بھگوا دو — کیوں کیسی رہی — کیوں بھئی درباریو! اب مزا آیا ؟

[شور — سبحان اللہ، سبحان اللہ — مرحبا۔ مرحبا]

خلیفہ: یار منتیاز! اپنا یہ لمڈا نظام تو بہت کائیاں نکلا بھئی — کیا انصاف فرمایا ہے ؟

پیارے: خلیفہ عق قل کی بات ہے عق قل کی۔

ممتاز: خاموش، خاموش — سنو سنو، وہ کچھ کہہ رہا ہے۔

بیرم خاں: دوسرا مقدمہ ہے بےنظیر بائی اور بندو خاں کا۔

نظام: (خوشی) بےنظیر بائی! — یہ کون سے کوٹھے والی ہے بہرام خاں۔ ؟

بیرم خاں: دلی کے چاوڑی بازار کی گانے والی عورت ہے عالم پناہ۔

نظام: لگتا ہے میں کبھی اِس کا گانا سننے ضرور گیا ہوں گا — خیر آگو کہو کیا ہوا ؟

بیرم: ظلِ سبحانی — وہ کہتی ہے کہ جب بھی وہ ریاض کے لئے بیٹھتی ہے، بندو خاں اپنا یکتارا گ شروع کر دیتا ہے۔

نظام: ہوں — سوال یہ ہے کہ وہ ریاض کے پاس بیٹھتی کیوں ہے ؟

کون سا لمڈا ہے وہ؟

بیرم خاں: حضور یہ وہ ریاض نہیں دوسرا ریاض ہے — ریاض یعنی گانے کی مشق۔

نظام: (حیرت) گانے کی بھی مشک ہوتی ہے! — یہ آج ہی سنا ہے۔ میں تو سمجھا کہ مشک چمڑے کی ہی ہوتی ہے جس میں پانی بھرا جاتا ہے۔

بیرم: جہاں پناہ مشک نہیں مشق — مشق۔

نظام: (بےزاری سے) چلو جو بھی ہو — پھر؟

بیرم: ولیٔ نعمت! بے نظیر بائی کو اعتراض ہے کہ اس طرح اس کا ریاض نہیں ہوتا اور گانے میں خلل پڑتا ہے۔

نظام: ہوں — بات تو ٹھیک ہے۔ گانا سننے کا تو یار مجھے بھی بہت شوق ہے۔ یہ کم بخت جب بیچ میں ٹیک پڑتا ہوگا تو بائی جی کو ضرور دکھ ہوتا ہوگا!

بیرم: بجا فرمایا اعلیٰ حضرت۔ بے نظیر بائی نے اسی لئے مقدمہ قائم کیا ہے۔

نظام: بڑا اچھا کیا — مگر ہم اب کیا کریں بہرام خاں؟

بیرم: حضور فیصلہ صادر فرمایا جائے۔ مدعی اور مدعا علیہ حاضر ہیں۔

نظام: (حیرت سے چونک کر) یہ دونوں کون ہیں؟ ابھی تو تم کہ رہے تھے کہ یہ بے نظیر بائی اور بُندو خاں کا جھگڑا تھا۔

بیرم: عالم پناہ یہ دونوں وہی ہیں۔ آپ کی خدمت میں باریابی کا شرف حاصل کر رہے ہیں۔

نظام: (خجالت سے ہنس کر) پتہ نہیں بار کیا کئے رہے ہو؟ — خیر اگر یہ وہی دونوں ہیں تو بلاؤ۔ وہ نہیں آگو۔

حاجب: (بلند آواز) مقدمہ روبروئے شہنشاہِ معظم حضور نظام — بے نظیر بائی اور بندو خاں اصالتاً حاضر ہوں۔

بے نظیر: (ادب سے) میں حاضر ہوں جہاں پناہ۔

نظام: یار بہرام خاں، ہمیں نے سہراب مودی کی فلم پکار دیکھی تھی۔ وہ اس میں جہانگیر کہتا ہے ـــــ بولو، تمہیں کس نے ستایا۔ میں بھی ایسے ہی بولوں نا؟

بہرام: جو حضور کے مزاج عالی میں آئے بندہ پرور۔

نظام: ٹھیک ہے۔ (ذرا بلند آواز) بولو بے نظیر بائی ـــــ تمہیں کس نے ستایا۔؟

بے نظیر: اے حضور اسی نگوڑے مارے بندو نے جو میرے پڑوس رہو ہے ہے۔

بندو: نہیں سرکار ـــــ میں تو کچھ نہیں کرتا۔ میں نے (خوف سے لرز رہا ہے) بالکل نہیں ستایا عالی جاہ۔

بے نظیر: (غصہ) جھوٹ مت بول ـــــ بادشاہ سلامت جنم بچہ کو کولھو میں پلوا دیں گے۔

نظام: بالکل پلوا دیں گے، ضرور پلوا دیں گے ـــــ ہم سے ڈر بندو کے بچے۔

خلیفہ: (ہلکی آواز) یار پیارے لال ـــــ اپنا ملا تو سچ مچ انصاف کر رہا ہے پیارے: خلیفہ تخت پر بیٹھتے ہی انصاف کرنا خود بخود آ جاتا ہے۔

ممتاز: خاموش رہو یار ـــــ سب اسی جھگڑے کو دیکھ رہے ہیں کہ آواز کدھر سے آ رہی ہے ـــــ خاموش۔

نظام: بائی جی تجھے بھی تو بتاؤ کہ کم بخت کرتا کیا ہے۔؟

بے نظیر: میرے بادشاہ سلامت! جہاں میں نے ریاض شروع کیا اور اس کلموئے نے اپنا پکا راگ الاپا۔

نظام: کیوں بے بندو! ـــــ یہ کیا حرکت ہے، ابے تو پکے کی جگہ کچا راگ نہیں گا سکتا۔؟

بندو: عالی جاہ یہ بڑھیا سٹھیا گئی ہے۔ اس کی صورت دیکھئے۔ اس کے گاتے

وخت تو کون گدھا بھی اِسے سا نہ نئیں گا سکتا ـــــ میں بھلا کیوں گاؤنگا۔

نظام: (ہنس کر) بات تو ٹھیک ہے یار بہرام خاں ـــــ عورت تو صورت سے ہی چڑیل لگتی ہے۔

بیرم: بجا فرمایا ظلِ اللہ! لیکن ہمیں بندو سے بھی پوچھنا پڑے گا۔

نظام: ضرور پوچھو۔

بیرم: (غصّے سے) کیوں اے شخص، تو اُسی وقت اپنا گانا کیوں شروع کرتا ہے جب بے نظیر بائی گا رہی ہوتی ہے؟

بندو: (احتجاج) حضور یہ الزام ہے مجھ پر ـــــ کون بخت گانا شروع کرتا ہے؟

نظام: (غصّے سے) پھر ـــــ؟

بندو: میں تو بادشاہ سلامت صبح ہی صبح غرارے کرتا ہوں۔

[درباریوں کا شور اور چہ میگوئیاں]

بے نظیر: اے حضور، اگر یہ غرارے ہی کرتا ہے تو اِس سے کہا جائے کہ وہ انہیں بند کردے۔

بندو: واہ واہ ـــــ واہ ـــــ کل تم کہہ دو گی کہ روٹی کھانا بھی بند کر دوں؟

بیرم: (غصّے سے چیخ کر) خاموش ـــــ آپس میں بات مت کرو ـــــ حضورِ اقدس کو فیصلہ صادر کرنے دو۔

بے نظیر: حضور اس سے کہہ دیجئے کہ یہ رات کو غرارے کر لیا کرے۔

نظام: (غصّے سے) عورت! جاستی ٹرپس نہ کر۔ اگر یہ ڈکار لیگا تو تُو کہہ دے گی کہ اس نے ڈھول بجا لیا۔ اسلئے ڈکار نہ لے کیوں؟

بے نظیر: نہیں بادشاہ سلامت میں کیوں کہہ دوں گی؟

نظام: جب تجھے غرارے پکار اگ لگ رہے ہیں تو ڈکار کو بھی توڑ مروڑ کھدے گی
اب خاموش رہ۔ یہ شاہی دربار ہے کیوں یار بہرام خاں ؟

بیرم: بجا یا فرمایا ظلِ الٰہی۔

نظام: میں اِس وقت باشا بنا وا انصاف کر یا ہوں۔ اس لئے انصاف سُن۔

بےنظیر: میں تو خادمہ ہوں بندہ پرور ــــ جو حکم۔

نظام: تُو اس آدمی کو اپنے کوٹھے پہ نوکر رکھ لے۔ تُو ناچ اور یہ غرارے کرے۔ لوگ سمجھیں گے کہ یہ پکّا راگ گا ریا ہے۔ دونوں کا کام چلے گا۔ دونوں مل کر کھاؤ کماؤ۔ لوگ خوش رہیں گے اور سب کا بھلا ہو گا ــــ کیوں بھئی
درباریو، کیسا انصاف کیا ہے میں نے ؟

[دربار کا شور۔ واہ وا ــــ سبحان اللہ ــــ مرحبا]

خلیفہ: یار پیارے لال ــــ اپنا لمڈا تو بڑا کا ئیاں نکلا و ئی۔

پیارے: ہاں خلیفہ ــــ خوب انصاف فرمایا ہے۔

ممتاز: یہ تمہارے اکھاڑے کا مالا سبھی نپٹا دے گا اُستاد۔ مجھے اقین ہاہے۔

پیارے: مگر اس وخت توڑی مت بولنا۔ اپنا لمبر آنے پہ بولنا ــــ ہاں۔

بیرم: حضور نے انصاف کر دیا ــــ بےنظیر اور بندو خاں! اب تم دونوں جا سکتے ہو۔

نظام: اگر جا ستی گڑ بڑ ہو جائے تو پھر آ جا نا ــــ پھر انصاف کر دیں گے۔

بےنظیر: حضور کا اقبال بلند ہو ــــ بندی جاتی ہے۔

[دونوں "بادشا سلامت کی عمر دراز" کہتے ہوئے چلے جاتے ہیں]

بیرم: بندگانِ عالی، اجازت مرحمت فرمائی جائے تو اگلا مقدمہ خدمت
عالیہ میں پیش کیا جائے ؟

نظام: اماں کیا چیز دینا چاہتے ہو یار ؟

بیرم: نیا مقدمہ اعلیٰ حضرت۔

نظام: ایے مار ڈالا — یانی ایک اور مقدما ؟

بیرم: جی بندہ پرور۔

نظام: یار قسم ہے پیدا کرنے والے کی اپنا تو بھیجا ہل گیا اِتّی دیر میں کھوپڑی
چٹخ کر رہ گئی ہے۔

بیرم: قبلہ عالم مجبوری ہے۔ مقدمات کا فیصلہ کرنا بیحد اہم ہے اعلیٰ حضرت۔
یہی شہنشاہوں کا کام ہوا کرتا ہے۔

نظام: اماں چھوڑو یار — کیوں ہن ناحق میں بھنسوارئے ہو۔ میں بڑی دیر
سے ایک بات پوچھنا چا رہا ہوں۔

بیرم: بسر و چشم ظِلِّ الٰہی — کمترین ہمہ تن گوش ہے۔

نظام: نئیں نئیں، ہمیں خرگوش ورگوش نئیں چائیں یار۔ میں تو یہ پوچھ
رہا ہوں کہ وہ پہلے والے بادشاہ سلامت کاں ہیں یار۔ اب تو ونہیں بلا ہی
لو۔

بیرم: شہنشاہ ہند، چراغِ دودماں ظل اللہ حضرت نصیر الدین ہمایوں — ؟

نظام: ہاں ہاں — دیئی۔ وہ بھی ذرا میرا انصاف دیکھ لیں۔ تم کے رہے تھے
کہ وہ چھپ کر دیکھ رہئے ہیں۔ بلا لو یار بلا لو۔

بیرم: حضور وہ سلطنت آپ کے سپرد کرکے حجرۂ شاہی میں استراحت فرما رہے
ہیں۔ مجھے ہدایت ہے کہ آرام خاص میں خلل انداز نہ ہوا جائے۔

نظام: پتہ نئیں یار تم کیا کے جاتے ہو۔ مطلب ہے کہ نئیں ہیں ؟

بیرم: بجا فرمایا قبلۂ عالم۔

نظام: چلو چھوڑو ــــ ہم تو ایک بات سوچ رہے تھے۔

بیرم: حکم عالم پناہ؟

نظام: یار میں کیسے بھول نہ جاؤں بہرام خاں۔ ہمایوں بادشاہ نے وعدہ کیا تھا کہ وہ میرے نام کا "سکہ" چلوادیں گے۔

بیرم: صحیح ارشاد فرمایا حضور۔

نظام: تو پھر میرے نام کا سکہ بھی چلوادو۔

بیرم: یقیناً اعلیٰ حضرت خادم آج ہی وزیر خزانہ کو حکم صادر کر دیتا ہے۔ وہ اشرفیوں پر حضور کے نام نامی کی مہر لگوادیں گے۔

نظام: اماں اشرفیوں کی مجھے کیا ضرورت ــــ چمڑے کا سکہ ہونا چاہیئے یار چمڑے کا۔

بیرم: ظل الٰہی کے فرمان کی تعمیل کی جائے گی۔

نظام: ضرور کرو ــــ مگر دیکھو، یہ سکے میری اور دوسرے سقوں کی مشکوں میں سے کاٹ کے بنانا ــــ یاد رکھیں گے یار ہمیں بھی بعد کے لوگ۔

بیرم: درست فرمایا ولیٔ نعمت۔

نظام: سونے کی اشرفیاں پگھلادو تو ختم ہو جاتی ہیں۔ چمڑے کی اشرفیاں کافی دِنا تک چالو رہیں گی ــــ کیوں؟

بیرم: بے نظیر خیال ہے بندہ پرور ــــ حضور کے حکم کی فوری تعمیل ہو گی۔

خلیفہ: (ہلکی آواز) مزے آ گئے یار اپنے لمڈے کے۔ سالا چمڑے کے سکے چلوا رہا ہے۔

پیارے: اُستاد وارے کے نیارے ہو گئے اِس لمڈے کے۔

ممتاز: خاموش رہو یار ــــ دیکھو نظام کچھ کہہ رہا ہے۔

نظام: یار بہرام خاں ۔۔۔ ایک بات سوچ سوچ کے میں خوش ہوئے جا رہا ہوں ۔۔۔ پوچھو کیا؟

بیرم: ارشاد عالی ظل اللہ۔

نظام: یار ایک دن میں نے ایک جیوتشی کو ہاتھ دکھایا تھا۔ وہ کہنے لگا کہ میں ایک دن بڑا آدمی بنوں گا۔

بیرم: درست فرمایا بندگانِ عالی۔

نظام: (خوش ہو کر) اس نے کہا تھا کہ اگر میرے ہاتھ کی لینیں صاف ہوتیں تو وہ آگے بھی بتاتا کہ میں کیا بنوں گا۔

بیرم: صحیح فرمایا ظل سبحانی۔

نظام: میرے خیال میں اس نے اسی طرف اشارہ کیا تھا کہ میں بادشاہ بنوں گا۔ وہ تو میں بن گیا ۔۔۔ مگر.....

بیرم: اب کیسی تشویش و تردد ہے قبلہ عالم،

نظام: اگر میرے ہاتھ کی لینیں صاف ہوتیں تو وہ جیوتشی کچھ اور بھی بتاتا۔ بات یہ ہے کہ مشک کا موہنہ پکڑے پکڑے تو بیچارے اپنے ہاتھ کی لینیں ہی گھس گئیں۔ جوتشی کو کیا خاک نظر آتیں؟

بیرم: خادم کیا عرض کر سکتا ہے؟ ہاتھ کی لکیروں کے بارے میں تو کوئی منجم ہی کچھ کہہ سکتا ہے۔

نظام: (سوچتے ہوئے) گدی گدی یار میں یہ بھی سوچتا ہوں کہ شاید پہلے میری ہتھیلیوں پر بال تھے۔ لینیں اسی لئے غائب ہو گئیں ہیں کہ بال گھسے تو لینیں بھی غائب ۔۔۔ کیوں؟

بیرم: خادم اپنی کم علمی کا اعتراف کرتے ہوئے عرض کرتا ہے کہ وہ کچھ عرض

نہیں کر سکتا۔

نظام: میں یہ سوچتا رہتا ہوں کہ اب میری ہتھیلیوں پر بال کیوں نہیں اُگتے۔ تم بتا سکتے ہو۔؟

بیرم: (پریشانی۔ الجھن) غلام کی عقل عاجز ہے۔ ظلّ الٰہی۔ سوال بے حد عاقلانہ و عالمانہ ہے۔

نظام: اماں تمہارے اس لمبے چوڑے دربار میں ایسا کوئی جنا نئیں جو مجھے یہ بتائے کہ میری ہتھیلیوں پہ بال کیوں نئی اُگتے۔؟

خلیفہ: (ہلکی آواز) میں جواب دے سکتا ہوں منتیاز پہلوان لیکن سوچ رہا ہوں کہ کئیں اُلٹی آنتیں گلے نہ پڑ جائیں۔!

ممتاز: بیٹھے رہو خلیفہ ــــ جب تم سے پوچھیں تو جواب دینا۔

پیارے: ہاں اُستاد ـــ یہی بات اچھی ہے۔ وخت آئے گا تو بولنا۔

نظام: (ناراضی) اماں بولتے کیوں نئیں۔ جواب دو نا بہرام خاں؟

بیرم: خادم عرض کر چکا ہے شہنشاہ عالم کہ غلام اِس سوال کا جواب دینے سے قاصر ہے۔

نظام: کمال ہے۔ اگر اِس جنگہ جواب نئی ملے گا تو اور کہاں ملے گا۔ دربار میں تو بڑے بڑے قابل آدمی مؤجود رہتے ہیں!

بیرم: بجا ارشاد فرمایا عالی جاہ، لیکن اس قدر عاقلانہ اور فہم وفراست سے بھرپور اِس سوال کا جواب دربار کے یہ کمترین حضرات بھی نہیں دے سکتے۔

نظام: (حیرت) لو بھئی حد ہو گئی۔ اماں یار تو کسی کو پکڑ کے لاؤ جو میرے اِس سوال کا جواب دے سکے۔

بیرم : آپ کا یہ خادم ڈھنڈورچی کے ذریعے پورے شہر و بیرونی محل میں اعلان کرا دیتا ہے ظلِّ الٰہی۔

نظام: (غصّے سے) یار عجیب چیز ہو بہرام خاں ——— تم میرے وزیر ہو یا بے دال کے بوُدم۔

بیرم: میں نادم ہوں بندہ پرور۔

نظام: (جھنجھلا کر) اماں اِتنے آدمیوں میں سے کوئی چرکٹا ایسا نہیں ہے جو اِسی جگہ بیٹھے بیٹھے میرے اِس سوال کا جواب دے سکے۔

بیرم : غلام کو مہلت عطا کی جائے، یہ عاجز سوچ کر عرض کرے گا۔

نظام: یار۔ بہرام خاں تم تو بالکل گاؤدی ہو۔ اماں اِتنا وقت کال ہے میرے پاس۔ جانتے نہیں کہ میں صرف ایک دن کا سلطان بنا ہوا ہوں۔

بیرم : جانتا ہوں ظلِّ الٰہی۔

نظام: مجھے جواب تو آج ہی چاہئیے۔ نقارہ پٹوا دو کہ جو نظام بادشاہ سلامت کے سوال کا جواب دے گا اسے پانچ ہزار چمڑے کی اشرفیاں انعام میں دی جائے گی۔

[دربار میں سرگوشیوں اور دبی آوازوں کی سرسراہٹ]

پیارے : (خوش ہو کر، خلیفہ ——— یار دن پھر جائیں گے اگر تم جواب دے دو۔

خلیفہ : ہاں یار ——— لمٹا ابطاز وردار کام کر رہا ہے۔ لمبر آنے پہ بولوں گا۔

نظام: لیکن یہ سُن لو بہرام خاں ——— چمڑے کے سکے ابھی اور اِسی وقت آ جانے چاہئیں ——— اور دربار میں کبھی سوال ایک بار پھر سنا دو۔

بیرم : جو حکم بندہ پرور ——— حاجب؟

حاجب : حکم آقا۔

بیرم: حضورِ اقدس کے فرمان کی تعمیل ہو۔

صاحب: بہتر آقا ــــ (بلند آواز) صدائے دربار ــــ گوش بر آواز،

صلائے عام اور فرمانِ خداوند حضور نظام، عالی جاہ ظل اللہ!

جواب طلب کیا جاتا ہے کہ کیا وجہ ہے جو حضورِ پُر نور کی ہتھیلیوں پر

بال نہیں اُگتے؟ صحیح اور مستند جواب پر وہ شخص فوری طور پر خزانۂ

شاہی سے پانچ ہزار سکۂ چرم کا حق دار مانا جائے گا۔

[آواز دیر تک گونجتی رہتی ہے۔ دربار کا شور بڑھ جاتا ہے]

پیارے: لو بھئی منتیاز پہلوان! یہ سالا بادشاہ تو بھان متی کا پٹارہ کھول بیٹھ گیا۔

ممتاز: حد ہی ہو گئی یار۔ تو اسے مداری کا تماشا سمجھ رہا ہے۔ اب سوال کا جواب

مانگا جا رہا ہے۔

خلیفہ: منتیاز ــــ جواب آ تو رہا ہے پیارے۔ مگر سوچ رہا ہوں کہوں یا

نہ کہوں؟

صاحب: (بلند آواز) دربار میں جو بھی دانا و عاقل موجود ہو۔ وہ اٹھے اور جواب

دے کہ حضورِ اقدس عالی جاہ نظام کی ہتھیلیوں پر بال کیوں نہیں

اُگتے۔؟

[وقفہ ــــ چند سیکنڈ کی سرگوشیاں]

نظام: یار بہرام خاں ــــ کمال ہو گیا بھئی ــــ کوئی بھی چرکٹا جواب نہیں دے رہا!

بیرم: بیرم خاں عرض کر چکا ہے عالم پناہ کہ فہم و ذکا سے مملو اس سوال کا جواب

کسی مردِ نادان کے پاس نہیں ہوگا۔

ممتاز: (سرگوشی) ابے کاروں تمہارا نام خلیفہ؟

خلیفہ: (سرگوشی) ابے نئیں یار کیا کر رہا ہے ــــ مروائے گا؟

پیارے: سوچ لو اُستاد پانچ ہزار چمڑے کی اشرفیوں کا معاملہ ہے۔

حاجب: (بلند آواز) ہے کوئی عاقل و دانا جو اِس سوال کا جواب بتائے۔
آخری بار پوچھا جا رہا ہے۔؟

ممتاز: (جلدی سے پکار کر) — ہاں ہے ایک آدمی — ہمارے خلیفہ شدّو
کے حضور ہیں وزیر صاحب۔

خلیفہ: (دانت پیس کر) ارے کیا کر رہا ہے۔ ابے مروالے۔ جواب شاید اُسے
پسند نہ آئے!

پیارے: (چلا کر) خلیفہ شدّو کے حضور ہیں بادشاہ سلامت۔ وہ جواب دیں گے۔

نظام: (خوش ہو کر) کون — خلیفہ شدّو — اماں وہ اپنے اکھاڑے کے باشا۔
کدھر ہیں کدھر ہیں۔ ذرا اُن کا چوکھٹا تو دیکھوں؟

ممتاز: (ہلکی آواز) کھڑے ہو جاؤ فخر مت کرو۔

خلیفہ: (بلند آواز) میں یہ رہا — اِس جنگلہ کھڑا ہوا ہوں۔

بیرم: (بیحد ناراض ہو کر) بے ادب — باتقصیر — گردن زنی، کیا تجھے
شاہی آداب نہیں آتے؟

خلیفہ: (گھبراہٹ) وہ — وہ کیا ہوتے ہیں وزیر صاحب؟

بیرم: (غصّہ) او احمق و ناداں! موردِ عتاب، کورنش بجا لا کم بخت۔

خلیفہ: (ہلکی آواز) کیسے بجانے کو کہہ رہا ہے یہ (بلند آواز) میں دے ساتھ ہی
نئیں لایا وزیر صاحب تو بجاؤں کیسے؟

نظام: چھوڑو یار بہرام خاں، انہیں تو کیا ہمیں بھی کورنش بجانی نئیں آتی۔

بیرم: (غصّہ) اعلیٰ حضرت یہ شاہی آداب ہیں۔ دربار میں جو بھی آئے گا
اُسے اِس کی پابندی کرنی ضروری ہے۔

نظام: اماں اگر خلیفہ کو معلوم ہوتا تو بجا لیتے۔ (بلند آواز) آؤ بھئی خلیفہ آؤ ــــ آگو آؤ آگو۔

بیرم: بجا ارشاد ــــ لیکن اسے آئندہ کے لئے واقفیت ہونی ضروری ہے۔ سنو اے شخص۔

خلیفہ: ہاں جی بولو۔

بیرم: کورنش بجالانا آداب بجالانے کو کہتے ہیں۔

خلیفہ: (حیرت) آداب بھی بجایا جاتا ہے ــــ! مجھ سے نہیں ہوگا وزیر صاحب، میں تو صرف بغلیں بجانا جانتا ہوں۔

بیرم: (غصے سے) تم ظلِ الٰہی کو تین بار جھک کر فرشی سلام کرو۔

خلیفہ: (تعجب) فرشی سلام کیا ہوتا ہے بادشا سلامت؟

نظام: فرش پہ بیٹھ کر جو سلام کیا جائے اسے فرشی سلام کہتے ہیں ــــ کیوں یار بہرام خاں؟

خلیفہ: بس تو بیٹھ ہی جاتا ہوں ــــ یہ بیٹھ گیا ــــ سالاما لیکم۔ یار بادشا سلامت۔

[درباری ہنستے ہیں۔ شور مچنے لگتا ہے]

بیرم: (بیحد غصے سے) ناہنجار ــــ کوتاہ عقل تو سچ مچ گردن اڑا دینے کے قابل ہے ــــ کھڑا ہو جا۔

خلیفہ: (گھبراہٹ) لو جی ہو گیا کھڑا۔ بن ناحق میں اٹھک بیٹھک کرا رئے ہو۔

بیرم: (غصہ) ظلِ الٰہی اگر آپ اجازت مرحمت فرمائیں تو خادم اس نابکار ملعون کا سر اسکے دھڑ سے جدا کر دے۔

نظام: کیا کہ ریا ہے یار، اپنے بھیجے میں کوئی بات نئیں بیٹھی۔

بیرم : حضور میں یہ عرض کر رہا تھا کہ اگر اعلیٰ حضرت فرمائیں تو اس کی گردن مار دی جائے؟

نظام : مار دو ـــــ ضرور مار دو، مگر زور سے مارنا، دو دن تک گدّی پہ پانچوں انگلیوں کے نشان ضرور نظر آتے رہیں۔

بیرم : نہیں عالی جاہ ـــــ میرا مقصد تلوار سے اس نابکار کی گردن کاٹ دینے کا ہے۔

خلیفہ : (ایکدم چیخ کر) ابے مار ڈالا ـــــ یہ سالا کیا دستور ہے۔ یار بہرام خاں پیارے میں نے سلام کیا تو ہے فرش پہ بیٹھ کر۔ اماں یار کیوں میری جان کے پیچھو پڑ گیا ہے۔؟

نظام : (ہنس کر) یار خلیفہ تم بھی بِن ناحق میں ڈر رہے ہو۔ اماں تمہاری گردن تھوڑی ہی کٹوانی ہے۔ یاں تو یار ذرا چُہلس ہو رہی تھی۔

خلیفہ : بھئی خوب چُہلس ہے۔ سالا دل اُچھل کر حلق میں آ گیا ـــــ واہ بھئی واہ۔

بیرم : (نرمی سے) تمہیں آداب شاہی نہیں آتے تو تمہیں دربار میں نہیں آنا چاہیئے تھا۔

خلیفہ : اماں تو کوئی ٹھیکہ ہے تمہارا وزیر صاحب۔ اپنا نظام روز اکھاڑے میں ڈنڈ پیلنے آتا تھا۔ پٹھا ہے اپنا۔

بیرم : حضور نظام اس وقت شہنشاہ ہیں۔ تمہیں اپنے تعلقات بعد کے لیئے اُٹھا رکھنے چاہئیں۔

خلیفہ : (بُرا مان کر) رکھ دیں گے اُٹھا کر طاق میں ـــ ہاں نہیں تو۔

بیرم : ظلِ الٰہی نے جو سوال پوچھا ہے۔ اس کا ٹھیک جواب دے سکتے ہو تو

دو ورنہ درست جواب نہ دینے پر پانچ کوڑوں کی سزا دی جائے گی۔ یہ قاعدۂ دربار ہے۔

خلیفہ: (گھبرا کر) اب مار ڈالا —— یا نی کوئی زبردستی ہے۔ ؟

نظام: میرے خیال میں یار بہرام خاں۔ اِن کو تین گھنٹے کی وہ کیا کہتے ہیں مُہلت، یا نی وخت دے دو۔ تاکہ یہ اچھی طریوں تیاری کر لیں —— کیوں خلیفہ —— ؟

خلیفہ: ہاں ہاں ضرور —— کوڑوں کی بات سُن کر تو پیارے سب کھایا پیا حلق میں آگیا ہے۔

بیرم: بس تو اِس وقت کا دربار برخواست کیا جاتا ہے، عصر کے بعد درباری و امراءِ خاص قدم رنجہ فرمائیں۔

[آوازیں مدھم ہو تی جاتی ہیں۔ تبلیل وقفے کے لئے ساز بجتا ہے]

(پسِ منظر میں درباریوں کا ہلکا سا شور)

خلیفہ: یار منتیاز —— قسم ہے پیدا کرنے والے کی اپنا تو کھایا پیا سب حلق میں آریا ہے، جواب نہ دو تو وہ بڈھا کوڑے لگوا دے گا۔ اور یہ نظام بھی بہت تیز ہے۔

ممتاز: (حیرت سے) کیوں —— ؟ اُس نے کیا کیا ہے۔

خلیفہ: ابے یار یہ سالا بھی بڑا آفت کا پر کالہ ہے۔ ایک دِنا اپنے لمڈے کو اکھاڑے میں لے آیا ہوتا کہ تو سکھاؤ اِسے بھی پیلوانی۔

پیارے: پھر کیا ہوا ؟۔

خلیفہ: پھر یہ ہوا پیارے لال کہ لمڈا تیتئے کی طریوں اچھلا پہلے ہی دن میری پٹوں میں بیٹھا، دونوں کندھوں پر مجھے اُٹھایا ایک طرف جُھکائی دے کر

پھینکا اور پھینکتے پھینکتے بھی سالا میری گردن پر ایک چھاپڑ جما گیا۔

ممتاز: یہ تو بڑی بُرائی ہوگئی۔

خلیفہ: بس میں نے دِسی دِنا لمڈے کو واپس بھیج دیا اور کے دیا کہ یہ کرتب اپنے باوا کو ہی دکھائیو ــــ میں بھر پایا۔ کیا بتاؤں یار لمڈا تھا کہ تیری۔ یوں جھپاک سے بیڑل میں گھسا اور یوں پھٹاک سے اٹھاکے مجھے پٹخ دیا۔

پیارے: (ہنس کر) یانی دِس دِنا تم ایک لمڈے سے دنگل میں مات کھا گئے۔

خلیفہ: کیا کہوں پیارے لال ــــ یہ سالا نظام سقہ دِسی دن سے اپنے سے خندق کھاتا ہے۔ اِس گاؤدی نے جان بوجھ کر مجھے کوڑے کھلوانے کے لئے یہ سوال پوچھا ہے۔

ممتاز: کیوں بیوڑ دکھارئے ہو یار۔ پانچ ہزار چمڑے کی اشرفیاں بُری نئیں ہوتیں۔

خلیفہ: (گھبراہٹ) وہ تو ٹھیک ہے۔ پر مجھے ڈر لگ ریا ہے، یہ بہرام خاں بھی سالا عجیب کنیڈے کا آدمی ہے۔ گھڑی میں تولا گھڑی میں ماشہ!

پیارے: خیر تم اب ڈرو نئیں۔ لنگر لنگوٹ کس کر میدان میں آجاؤ۔ چڑھ جاؤ بٹیا سولی پر رام بھلی کریں گے۔

ممتاز: خاموش خاموش ــــ وہ گلا پھاڑ کر چیخنے والا آگیا۔

صاحب: (بلند آواز) باادب، باملاحظہ ہوشیار۔ باادب سرنگوں، ہوشیار۔ نگاہیں زمیں بوس۔ پلکیں جھکی رہیں۔ چراغِ دودماں۔ حضرتِ قدر قدرت۔ آسمان رفعت، کسریٰ حشمت۔ کرہ وقار، عالی جاہ ظلِ اللہ، شہنشاہ نظام جلوہ افروز ہوتے ہیں۔ باادب باملاحظہ ہوشیار۔

بہرام: جو شخص جواب دینے والا تھا۔ وہ آگے آکر کورنش بجا لائے۔

خلیفہ: بادشاہ سلامت! دیکھو پیارے اب میں کورنش بجا ریا ہوں۔

یہ لو --- یہ لو --- یہ لو۔

نظام: (خوش ہوکر) اماں واہ یار خلیفہ۔ خوب کورنش بجائی بھئی۔

بیرم: (رعبدار لہجہ) حاجب دربار! سوال ایک بار پھر دہرا دیا جائے۔

حاجب: (بلند لہجہ) گوش بر آواز --- توجہ سے سنو --- فرمانِ خداوند حضور نظام، عالی جاہ ظلّ اللہ --- کیا سبب ہے جو حضورِ اقدس کی ہتھیلیوں پہ بال نہیں اُگتے۔ جو شخص سوال مذکور کا جواب دے گا۔ خزانہ شاہی سے پانچ ہزار سکہ جرم پائے گا۔ ہے کوئی دانا جو بتلائے۔ ہے کوئی عاقل جو سامنے آئے؟

خلیفہ: (خوش ہوکر) میں ہے جُو دھوں پیارے --- میں بتاؤں گا۔ میں سامنے بھی کھڑا ہوا ہوں۔

بیرم: (غصّہ) تم نے پھر آداب شاہی کا احترام نہیں کیا؟

خلیفہ: کیا تو ہے یار --- کیوں پیچھو پڑا ہوا ہے۔ تین بار ہاتھ سے زمین کو چھو کر سلام تو کیا ہے۔

نظام: (جلدی سے) ٹھیک ہے ٹھیک ہے۔ بہرام خاں انہیں بولنے دو۔

بیرم: بہتر عالم پناہ --- اے شخص تم بول سکتے ہو۔ سوال کا جواب بتاؤ۔

خلیفہ: لیکن اگر میں نے جواب بتا دیا اور تم نے کہ دیا کہ غلط ہے --- پھر؟

نظام: میں جو ہے جُو دھوں --- اس کا فیصلہ تو میں کروں گا --- کیوں بھئی بہرام خاں؟

بیرم: درست فرمایا ظل اللہ۔

نظام: ہاں تو بتاؤ --- میری ہتھیلیوں پہ بال کیوں نہیں آتے رہئی؟

خلیفہ: بات یہ ہے بادشا سلامت کہ تم بہت اچھے اور سخی آدمی ہو۔

نظام: (خوش ہوکر) واہ واہ — خوب، ہم تم ٹھیک کہ رہے ہو خلیفہ۔
وہ تو میں ہوں۔

خلیفہ: تو بات یہ ہے کہ تم ہر دن نا لوگوں میں اشرفیاں بانٹتے ہو۔ بادشاہ لوگ بادشاہی کرتے ہیں۔

نظام: ہوں — ہو سکتا ہے، آگو کہو۔

خلیفہ: اتنی اشرفیاں بانٹتے ہو بادشاہ سلامت جس کا کوئی حساب ہی نہیں۔

نظام: وہ تو ہے، حساب تو میں رکھ ہی نہیں سکتا — انگوٹھا ٹیک ہوں یار۔

بیرم: (غصے) لیکن حضور — ابھی تو آپ نے چمڑے کا سکہ ہی چلوایا ہے۔ اشرفیاں کہاں بانٹی ہیں۔؟

نظام: (گھبرا کر) ہاں ہاں یار بہرام خاں۔ میں نے ابھی چمڑے کا سکہ دیکھا۔ اچھا خاصا ہے بھئی۔

بیرم: آپ نے تو ابھی تک وہ بھی تقسیم نہیں کیا ظلِ الٰہی۔

نظام: کر دیں گے کر دیں گے۔ اس میں دیر ہی کتنی لگتی ہے!

بیرم: اے شخص، تم آگے بولو۔

خلیفہ: میں یہ کہ رہا تھا بادشاہ سلامت کہ تم روز اشرفیاں یا چمڑے کا سکہ بانٹتے ہو۔ بادشاہ لوگوں کا یہی کام ہوتا ہے۔

نظام: ہاں ہاں کیوں نہیں (خوش ہوکر) آگو بولو — آگے بولو۔

خلیفہ: تو بادشاہ سلامت تم لوگوں میں ہزاروں، لاکھوں اور اس سے بھی جاسکتی اشرفیاں بانٹتے ہو — ٹھیک ہے؟

نظام: بالکل ٹھیک ہے — یہ اشرفیاں بانٹنے والی بات تو ہمارے کانوں کو اچھی

لگ رہی ہے پہلوان۔

بیرم : (جلدی سے) لیکن بندہ پرور.....

نظام: (غصّہ) خاموش۔ اگر میں اشرفیاں بانٹتا رہتا ہوں تو یار وزیر بہرام خاں تمہیں تکلیف کیوں ہو رہی ہے۔ تمہاری اشرفیاں ہیں۔؟

بیرم : (نرمی) خادم اپنی اِس جرأت پر شرمندہ ہے عالی جاہ۔ معافی کا خواستگار ہے۔

خلیفہ: تو مطلب یہ کہ یہ بات ٹھیک ہے کہ بادشاہ سلامت تم روز اشرفیاں بانٹتے ہو۔

نظام: ہاں ہاں ——— کے تو دبا یار ——— کیا کاغذ لکھوا کر انگوٹھا لگواؤ گے؟

خلیفہ: (خوش ہوکر) تو بادشاہ سلامت سوال کا جواب یہ ہے کہ اشرفیاں بانٹتے بانٹتے تمہاری ہتھیلیوں کے بال گھس گئے ہیں۔

[درباریوں کا شور ——— واہ وا ——— خوب ——— مرحبا]

نظام: (بیحد خوش ہوکر) اماں واہ وا ——— یار خلیفہ خوب جواب دیا۔

بیرم: مگر جہاں پناہ، جواب حقیقت سے نزدیک تر نہیں ہے۔

نظام: اماں کیسے نہیں ہے وہی۔ مجھے تو اچھا لگ رہا ہے۔ حالانکہ حقیقت یہ ہے کہ مشک کا مونہہ پکڑے پکڑے میری ہتھیلی کے بال گھس گئے ہیں ——— مگر خلیفہ تمہاری بات پتے کی ہے، اشرفیاں بانٹنے والی بات ذرا دل کو اچھی لگتی ہے۔

خلیفہ: بالکل بالکل۔

نظام: یانی اشرفیاں بانٹتے بانٹتے میری ہتھیلیوں کے بال گھس گئے ہیں۔

(ہنستا ہے) خوب خوب۔

خلیفہ: بس تو بادشاہ سلامت اب وہ پانچ ہزار دلوادو مجھے۔

نظام: کیوں نہیں کیوں نہیں۔ ابھی لو۔ یار بہرام خاں؟

بیرم: جی: ظلِ نعمت؟

نظام: چمڑے کے پانچ ہزار سکّے خلیفہ کو دے دو۔

بیرم: (چالاکی سے ہنستا ہے) ابھی نہیں بندگانِ عالی۔ ابھی سوال کے کچھ حصّے باقی ہیں۔

نظام: (حیرت) سوال کے حصّے باقی ہیں! ـــ چلو وہ بھی پوچھ لو۔

خلیفہ: یہ دھاندلی نہیں چلے گی پیارے بادشاہ سلامت۔ سوال تو ایک تھا اب اسکے بال بچّے کہاں سے نکل آئے۔؟

بیرم: (غصّہ) بے ادب، گردن زنی ـــ زبان سنبھال کر بات کرو ورنہ یہ زبان گُدّی سے کھینچ لی جائے گی۔

خلیفہ: مگر ـــ (گھبرا کر) مگر ـــ مگر۔

بیرم: (غصّہ) بدبخت! تُو شاہی فیصلے کو دھاندلی کہہ رہا ہے؟

خلیفہ: ارے ـــ باپ رے یہ اچھی مصیبت ہے۔ تم تو وزیر صاحب ہر وقت غصّے میں بھرے رہتے ہو۔

[دربار کا شور ـــ اس آدمی کو اشرفیاں ملنی چاہیئے۔ شاہی فیصلے کا احترام کیا جائے]

بیرم: (بلند آواز) خاموش، زبان دراز! یہ بے ادبی ہرگز برداشت نہیں کی جائے گی۔

ممتاز: یار پیارے لال یہ آدمی تو بہت منّت ہے یار۔ خلیفہ کو پیٹھ پر ہاتھ

ہی نہیں دھرنے دیتا۔

پیارے: پھنس گئے یار اپنے خلیفہ سُنتیا، پہلوان۔

ممتاز: تم کہو تو میں کچھ بولوں

پیارے: چپ بیٹھا رہ یار۔ وہ بڈھا زبان گدّی سے کھینچ لینے کا ڈراوا دے ہی چکا ہے۔

بیرم: (بلند آواز) غور سے سُن لے ہر شخص۔ شاہی خزانہ اِس لئے نہیں ہے کہ مفت میں لٹا دیا جائے۔ سوال کا صحیح جواب ملے گا تو اشرفیاں بھی ملیں گی۔

[دربار کا شور کم ہوتا جاتا ہے]

نظام: لو بھئی خلیفہ، اب بولو پیارے؟

خلیفہ: کیا کہوں بادشاہ سلامت۔ وزیر صاحب تو بن ناحق ہی سوال کے ٹکڑے کر رہے ہیں۔

بیرم: (غصّہ) یقیناً — عالم پناہ، شاہی خزانہ ایسے بھیک منگوں کو دینے کے لئے نہیں ہے۔ جو محنت کرے گا وہ پھل پائے گا۔

خلیفہ: چلو یار پھر کریں گے محنت — آگو بولو کیا سوال ہے؟

بیرم: (غصّہ) ادب سے دائرہ تہذیب میں رہ کر بات کر۔

خلیفہ: کس جنگہ رہ کر بات کروں؟

نظام: (گھبرا کر) اماں خلیفہ تم تو جلدی سے اُکھڑ جاتے ہو — بہرام خاں کی بات سمجھو اور سنو وہ کیا کہ رہے ہیں؟

بیرم: سوال کے ایک حصّے کا تم نے جواب دے دیا ہے جو اعلیٰ حضرت کو پسند آ گیا ہے۔ لیکن سوال کا دوسرا حصّہ غور سے سنو۔

خلیفہ: سناؤ بھئی جلدی سناؤ۔ پتہ نہیں کیتے حصے ہیں۔

بیرم: ہم مانتے ہیں کہ ہمارے ولیٔ نعمت ظلِ اللہ حضرتِ نظام فرمانروائے ہند کی مقدس ہتھیلیوں کے بال اس لئے گھس گئے ہیں کہ عالم پناہ تمہیں اشرفیاں بانٹتے ہیں اور دوسروں کو بھی دیتے ہیں۔ لیکن — ؟

خلیفہ: لیکن کیا بھئی؟

بیرم: تمہاری ہتھیلیوں کے بال — وہ کس طرح گھس گئے۔؟

[دربار میں شور ایکدم پھر بلند ہوتا ہے]

نظام: (خوش ہوکر) اماں واہ — خوب لائے بھئی بہرام خاں۔

بیرم: (رعبدار لہجہ) عالی جاہ — اس جیسا بھک منگا کسی دوسرے کو اشرفیاں کیسے دے سکتا ہے۔ وہ تو صرف ہاتھ پھیلانا ہی جانتا ہے، دینا نہیں جانتا۔

خلیفہ: (گھبراکر) مرگیا حضور بادشاہ سلامت — یہ تمہارا وزیر تو بڑا تیز ہے دیئی۔

بیرم: (ڈانٹ کر) خبردار! — دائرہ تہذیب میں رہو۔ تمہاری گفتگو پایۂ ثقاہت سے ہرگز نہ گرنے پائے۔

نظام: (خوش ہوکر) مزا آگیا بہرام خاں۔ خوب بال کی کھال نکالی ہے تم نے۔

بیرم: حضور شاہی خزانہ فقیروں میں بانٹنے کے لئے نہیں ہوسکتا — خادم کی کوشش یہی ہے کہ کوئی جواب نہ دے پائے اور سکۂ چرم محفوظ رہ سکے۔

نظام: ٹھیک ہے پیارے، ٹھیک سوچ رہے ہو بہرام خاں۔

بیرم: چنانچہ بولو اے شخص! تم اس سوال کا جواب دینے کے لئے تیار ہو؟

خلیفہ وزیر صاحب کوئی بس نے جواب دینے کی مشین لگا رکھی ہے جو بٹن دباتے ہی جواب نکال دے۔ اماں ذرا سی سوچنے سمجھنے کا موقع تو دو میں اپنے دوستوں سے بھی پوچھ لوں۔

چلو تمہیں وقت دیا جا رہا ہے۔ پانچ منٹ میں جواب دو۔ دوستوں سے بھی پوچھ لو۔ (وقفہ۔ ہلکا شور)

خلیفہ: بول بھئی ممتیاز ــــ اب کون سی ترپ چال چلوں؟

ممتاز: استاد چوٹ نہ ہو جائے کہیں ــــــ بڈھا وزیر بہت تیز لگ رہا ہے۔

پیارے: بادشا سلامت تو وزیر سے بھڑ گئے ہیں۔ وخت ملا ہے تو دوسے باتوں میں کیوں ضایا کر رئے ہو۔

ممتاز: بات ٹھیک ہے ــــ آؤ سر جوڑ کر بیٹھتے ہیں اور سوچتے ہیں۔

نظام: اماں یار بہرام خاں؟ ذرا بات تو سنو۔

بیرم: ارشاد عالی ظلِ الٰہی۔

نظام: یار وہ چمڑے کے سکے پھر سے تو دکھاؤ جو مشک میں سے کاٹ کے بنائے ہیں۔ اس وخت ذرا جلدی میں دیکھے تھے۔

بیرم: اعلیٰ حضرت نے جیسا فرمایا تھا، اس حکم کی بجا آوری کی گئی ظل اللہ۔ شاہی مہر کند نے تمام مشکوں کو کٹوا کر ان پر حضور کے اسم گرامی کی مہر ثبت کر دی ہے قبلۂ عالم۔ آپ کے اعزہ اور برادری کے لوگوں کو یہ شاہی سکۂ چرم دو ہزار فی کس کے حساب سے ادا کر دیئے گئے ہیں۔

نظام: (بہت خوش ہو کر) بھئی واہ ــــ مار دیا پاپڑ والے کو۔ یہ کام تو بہرام خاں تم نے بہت اچھا کیا یار۔

بیرم: (ادب سے) حضور کی غلام پروری ہے عالی جاہ

نظام: (سوچتے ہوئے) مگر یار بہرام خاں، تم تو جانتے ہی ہو کہ ہم ایک دن کے بادشاہ ہیں — آج تو وہ سکّے چل جائیں گے مگر.....

بیرم: حضور تردّد نہ فرمائیں اور ارشاد کریں کہ کیا اُلجھن ہے۔

نظام: اُلجھن یہی ہے یا بہرام خاں کہ آج تو سکّے چل گئے مگر کل کیا ہوگا بھئی۔ ایسا نہ ہو کہ کل کوئی لمٹا بازار میں سکّے لے کر نکلے اور تمہارے سپاہی دھر لیں — یہ گڑبڑ تو نئیں ہوگی۔؟

بیرم: اطمینان فرمائیں، ولیِ نعمت۔ شہنشاہ معظم، ظلِ اللہ اعلیٰ حضرت حضور نصیر الدین ہمایوں، فرمانروائے ہندوستان نے حکم صادر فرمایا ہے کہ آج کے بعد ہر سکّہ چرم، ایک طلائی اشرفی کے عوض بدل دیا جائے گا۔

نظام: (خوش ہو کر) بھئی واہ ——— یہ ہوئی نا بات۔ اپنے ہمایوں باشا کا تو جواب نئیں ہے بھئی۔

بیرم: ظلِ الٰہی وقت گذر رہا ہے۔ اُس شخص نے دوسرے سوال کا جواب نہیں دیا۔

خلیفہ: (دُور سے) دے رہا ہوں بھئی دے رہا ہوں زندگی کس بات کی ہے بہرام خاں۔ (مائیک کے قریب آتے ہوئے) آ رہا ہوں آ رہا ہوں۔

نظام: اماں جواب سوچ لیا خلیفہ؟

خلیفہ: بڑا اچھا جواب آگیا ہے بھیجے میں ——— آپ کو تو سُناؤں بادشاہ سلامت؟

بیرم: ہاں بتاؤ کہ تمہاری ہتھیلیوں پر بال کیوں نہیں اُگتے؟ یہی

دوسرا سوال ہے۔

خلیفہ: اِس کا جواب یہ ہے وزیر صاحب کہ ہمارے باشا سلامت بہت سخی ہیں۔

نظام: (خوش ہوکر) بالکل بالکل ہیں۔ ہم بہت سخی ہیں۔

خلیفہ: باشا سلامت آپ بہت سخی ہیں اور سخی لوگ ہمیشہ اشرفیاں بانٹتے رہتے ہیں۔

نظام: اِس میں کیا شک ہے — آگو بو بو آگو۔

خلیفہ: آپ کی ہتھیلیوں کے بال تو اشرفیاں بانٹتے ہوئے گھس گئے ہیں۔

بیرم: (تیکھا لہجہ) اور تمہاری ہتھیلیوں کے بال؟

خلیفہ: باشا سلامت میں بھی اشرفیاں لیتا رہا ہوں۔ باشا سلامت بانٹتے ہیں میں لیتا ہوں۔ وہ پھر دیتے ہیں میں پھر لیتا ہوں۔ اِس طرح وزیر صاحب اشرفیاں لیتے لیتے میری ہتھیلیوں کے بال بھی گھس گئے ہیں — کیوں، کیسی رہی؟

(ہنستا ہے)

[دربار میں شور بلند ہوتا ہے۔ "واہ، مرحبا — خوب جواب دیا"]

نظام: (خوش ہوکر) بھئی واہ خلیفہ پیارے۔ قسم ہے اُڑن جھلے کی مزا آگیا یار۔ درِ دولت خوش ہوئے۔

بیرم: گستاخی کی معافی عالی جاہ — درِ دولت نہیں مابدولت۔

نظام: چلو وہ جو کچھ بھی ہے — وہ خوش ہوئے۔

خلیفہ: اب تو مجھے چمڑے کی اشرفیاں ملنی چاہئیں باشا سلامت!

بیرم: (کینہ بھری آواز) نہیں ——— ابھی نہیں۔ اشرفیاں ابھی

نہیں مل سکتیں۔

خلیفہ: اب کیا ہو گیا وزیر صاحب۔؟

نظام: (غصہ میں) اب کونسا روڑا اٹک گیا بہرام خاں۔

بیرم: بندہ پرور! ابھی سوال کا تیسرا حصہ باقی ہے۔

[درباریوں کا شور و غلغلہ]

خلیفہ: تیسرا حصہ، یعنی تیسرا سوال۔؟

نظام: (حیرت سے) تیسرا حصہ! تیسرا سوال!

خلیفہ: لو یہ اچھی رہی — اماں میں پوچھ رہا ہوں کہ کتنے سوال ہونگے آخر۔ اتنے سوال تو وزیر صاحب شہزادہ کباب شامی کے لئے شہزادی نے حاتم کی تائی سے بھی نہ کئے ہوں گے — واہ بھئی واہ۔

بیرم: تیسرا سوال حل کئے بغیر اشرفیاں نہیں مل سکتیں۔

خلیفہ: یانی اچھی زبردستی ہے — چلو جی نکال لو دل کی بھڑاس — پوچھ لو تیسرا سوال بھی، میں بھی تیار ہوں۔

نظام: جواب دے دو خلیفہ — پھر کل تو اکھاڑے ہی میں بات ہوگی۔ آدھا آدھا کرلیں گے۔

خلیفہ: (غصہ میں) اجی کاں کا اکھاڑہ بادشا سلامت۔ دس پر تو مقدمہ چل رہا ہے — تم سے کہنے آیا تھا کہ میرا اکھاڑہ مجھے مل جانا چاہیئے۔ مگر.....

نظام: بے فکر رہو — کاغذ دے دو، میں دس پر انگوٹھا لگا دوں گا۔ اکھاڑا تمہارا، تمہارے باپ کا۔

خلیفہ: (بیحد خوش ہوکر) اے مار ڈالا بادشاہ سلامت۔ کیا سچ کہہ رہے ہو۔؟

نظام: بالکل سچ کہہ رہا ہوں۔ کل ملیں گے، اب تو سوال کا جواب دو، بہرام خاں تمہیں گھور رہے ہیں۔

خلیفہ: (بے دلی سے) چلو جی پوچھ لو وزیر صاحب۔

بیرم: ہم نے مان لیا کہ حضور اقدس شہنشاہ ہند کے ہتھیلی کے بال تمہیں روزانہ اشرفیاں دیتے دیتے گھس گئے ہیں اور تمہارے بال اشرفیاں لیتے لیتے ——— لیکن ان سب درباریوں کے بال ——— وہ بھلا کیوں گھس گئے۔؟

[دربار میں شور بڑھتا ہے]

نظام: (خوش ہوکر) اے واہ وا ——— خوب دور کی کوڑی لائے بہرام خاں۔ بولو خلیفہ بولو۔

خلیفہ: بادشاہ سلامت میں جواب تو دے دوں گا مگر پہلے یہ طے کر دو کہ اب یہ سوال بازی نہیں ہوگی۔

بیرم: ٹھیک ہے، اب تم سے اس سوال کے بعد اور کوئی سوال نہیں پوچھا جائے گا۔

خلیفہ: بس تو میں بھی جواب دے دیتا ہوں۔

نظام: بولو بولو ——— جلدی بولو۔

خلیفہ: بات یہ ہے بادشاہ سلامت کہ آپ لوگوں کو اشرفیاں دیتے ہیں اور ہم لوگ لیتے ہیں۔ اس طرح ہم دونوں کے بال تو گھس ہی گئے، رہ گئے یہ درباری تو ہمیں اشرفیاں دیتے لیتے دیکھ کر یہ جلن کی وجہ سے اپنے ہاتھ ملتے ہیں کہ ہائے ہائے، ہمیں اشرفیاں کیوں نہیں

ملتیں ــــ بس اسی لیئے ان کی ہتھیلیوں کے بال بھی گھس گئے۔

[درباریوں کا شور یکدم بڑھتا ہے سب نعرہ تحسین بلند کرتے ہیں]

نظام: (بہت زیادہ خوش ہوکر) اماں واہ وا ــــ پہلوان مزا آگیا۔
خوب کام دکھایا پیارے ــــ لاؤ اسی بات پہ ہاتھ ملاؤ۔

ممتاز: (دور سے) خلیفہ شدّ و زندہ باد ــــ بادشاہ نظام زندہ باد۔

پیارے: (دور سے بلند آواز) بادشاہ سلامت کی جے ــــ بھگوان ونھیں سلامت رکھے۔

نظام: اب بولو یار بہرام خاں ــــ کیا خیال ہے؟

بیرم: جو ارشاد ظلِ سبحانی! خادم حکم بجالاتا ہے اور خلیفہ کو پانچ ہزار چرمی سکہ رائج الوقت دے دیا جاتا ہے۔

خلیفہ: ہاں ــــ اب بنی بات۔ لاؤ دو۔

بیرم: (تالی بجاکر) ارے کوئی ہے۔؟

نظام: (جلدی سے) ہاں بولو ــــ کیا بات ہے؟

بیرم: عالی جاہ خادم آپ کی شان میں یہ گستاخی نہیں کرسکتا۔ یہ غلام پیش کار کو بلا رہا ہے۔

پیش کار: غلام حاضر ہے۔ خانِ خاناں!

بیرم: اشرفیوں اور چرمی سکّے سے بھرا ہوا چاندی کا تھال پیش کیا جائے۔

پیش کار: حاضر ہے خانِ خاناں۔

بیرم: یہ لیجئے ظلِ الٰہی، اپنے دست مبارک سے تقسیم فرمایئے ــــ اے شخص تم آگے آجاؤ۔

خلیفہ: میں آگوڑ آگیا وزیر صاحب۔

ممتاز: (دور سے قریب آتے ہوئے)
خلیفہ تھال بھاری ہو گا ___ میں سنبھال لیتا ہوں۔

نظام: لو خلیفہ ___ اب تو پیارے پانچوں گھی میں اور سر کڑھائی میں ہے۔
کل حصہ بقرہ ہو گا اُستاد۔ یاد رکھنا۔

خلیفہ: ضرور ہو گا بادشا سلامت ___ سنبھال رے منتیاز تھال کو ___ احتیاط سے، کہیں گر نہ جائے۔

نظام: میں تم سے بہت خوش ہوا پیارے۔ بڑے عقل مند ہو۔ کل صبح ہی صبح گلی میں ملنا ___ دعوت ہو گی ٹھاٹ دار۔

خلیفہ: (گھبرا کر) ابے ___ ابے منتیاز کہاں بھاگا جا رہا ہے تھال لے کر۔

ممتاز: یہ تو اب میرا اور پیارے لال کا ہو گیا خلیفہ ___ کیوں کیسا اُلّو بنایا۔
اب تو میں تیری ہو رہا ہوں۔

پیارے: اب تو قطب صاحب میں پھول والوں کی سیل میں ملیں گے خلیفہ۔
جے رام جی کی۔ اتنے سارے نادیں سے تو اُستاد خوب مزے کی سیل ہو گی۔
(ہنستا ہے)

خلیفہ: ابے ___ ابے یہ کیا دھاندلی ہے ___ روکو بادشا سلامت۔ انہیں روکو۔ اماں یہ اشرفیاں لے کے بھاگ رہے ہیں۔

ممتاز: اب تو پیارے خالی تھال ہی تم کو ملے گا۔ (ہنستا ہے)

خلیفہ: منتیاز ___ ابے پیارے لال۔ ارے کیا ہو گیا تم دونوں کو ___ کیوں میری اشرفیاں لے کے بھاگے جا رہے ہو ___ ابے پکڑو ___ دوڑو۔

جانے نہ پائے ـــــ او منتیاز کے بچے پھر جُل دے گیا ـــــ یا روزیر صاحب تم ہی پکڑ و ـــــ ہائے میری اشرفیاں ـــــ گردن اڑادو سلے منتیار کی۔

[ایسا ساز بجتا ہے جس سے ظاہر ہو کہ خواب تھا]

اے میری اشرفیاں ـــــ ہائے میری اشرفیاں۔ (روتے ہوئے) ارے میری اشرفیاں لے کے بھاگ گئے دونوں ـــــ ہائے میری اشرفیاں!

بیوی: (دور سے قریب آتے ہوئے) ائے میں کہتی ہوں منّے کے ابا یہ کیا ہو رہا ہے؟

خلیفہ: میری اشرفیاں ـــــ منتیاز اور پیارے لال چونا لگا گئے ـــــ میری اشرفیاں ـــــ ہائے ہائے۔

بیوی: (حیرت) ائے کیا اول فول بک رہے ہو۔ کچھ تو ہوش کی دوا کرو۔

خلیفہ: (جاگتے ہوئے حیرت زدہ لہجہ) میری ـــــ اَشں ـــــ رَفیاں ـــــ اَشں ـــــ رَنیاں۔!!

بیوی: (غصہ) ائے ہے، جنم نہ آیا بوریا سپنوں آئی کھاٹ ـــــ تم جیسا نکھٹو مردوا اور اشرفیوں کی بات ـــــ دماغ تو نہیں پھر گیا۔؟

خلیفہ: ہائیں ـــــ اے کیا چکر ہے ـــــ وہ سالا اپنا نظام سقّہ کاں گیا دیئی۔

بیوی: وِس کا نام نظام نہیں محمد ہے۔ دو مشکیں ڈال گیا ہے تمہارے سونے سے پہلے۔

خلیفہ: بہت نترے کی ـــــ تو کیا میں خاب دیکھ ریا تھا۔

بیوی: اور نئی تو کیا ـــــ دو ٹکے تو کما کر لائے جاتے نہیں اور اشرفیوں کی بات کر رئے ہو۔

خلیفہ: اشرفیاں ـــــ میری اشرفیاں۔ (بے ہوش ہونے لگتا ہے) منّے کی ماں۔

میں گیا — ذرا صندل سنگھانا۔

بیوی: (چیخ کر) اے ہے — یہ کیا ہو گیا منّے کے ابّا۔

خلیفہ: کچھ نہیں ہوا۔ غش آگیا تھا۔ مگر اب میں ہوش میں آرہا ہوں — (غصّہ میں) لیکن بتائے دیتا ہوں منّے کی ماں۔ اپنے سینے پر مونگ دلنے والے ان دونوں کو اب ہرگز نہ چھوڑوں گا — سُلٹ لوں گا منتیار اور پیارے لال سے — یہ کمینے مجھے خواب میں بھی پریشان کرنے سے باز نہیں آتے۔ مار ڈالوں گا دونوں کو — (آواز دور ہوتی جاتی ہے) واں ماروں گا جہاں پانی بھی نہ ملے۔ قسم ہے پیدا کرنے والے کی چھٹی کا دودھ یاد نہ دلایا تو خلیفہ نام نہیں۔ دیکھ لوں گا — دیکھ لوں گا۔

[آواز فیڈ آؤٹ]

(اختتام کا ساز بجتا ہے)

احمقوں کی انجمن (ڈرامے) 138 سراج انور

احمقوں کی انجمن

کردار : بے کیف ۔ مائل ۔ پہلوان ۔ فرہاد ۔ بدّھومل ۔
پڑھاکو ۔ کپتان ۔ پٹھّن خاں ۔ انسپکٹر ۔ ہیڈ ماسٹر ۔
بڑی بی ۔ اور کچھ ملی جلی آوازیں ۔

[لوگوں کا شور ۔ ظاہر کرنا ہے کہ ایک جگہ بہت سے احمق جمع ہیں اور بیکار ہی بول رہے ہیں]

بے کیف : (چیخ کر) خاموش ۔ خاموش ——— دوستو خاموش ہو جائیے ۔ (شور جاری رہتا ہے) ارے آپ لوگ چپ کیوں نہیں ہوتے ۔ خاموش ہو جائیے خاموش ہو جائیے ۔

مائل : (چیخ کر) ارے بھئی کوئی اپنے سیکرٹری صاحب کی بھی تو سنو ۔

بے کیف صاحب کچھ فرما رہے ہیں۔

بے کیف: (چلاکر) میں فرما رہا ہوں کہ وہ جو کسی نے کہا ہے آپ لوگ ہر جلسے میں شور مچاتے ہیں۔ کیا یہ اچھی بات ہے۔؟

پہلوان: ہاں جی — بالکل اچھی بات ہے۔ اگر ہم شور نہ مچائیں تو ہمیں احمق کون کہے۔؟

مائل: ٹھیک بات کہی ہے پہلوان نے — واہ وا۔ جواب نہیں پہلوان کا (شور بڑھتا ہے) کیوں بے کیف صاحب۔؟

بے کیف: اچھا اچھا۔ ٹھیک ہے ٹھیک ہے۔ وہ جو کسی نے کہا ہے آپ ضرور شور مچائیں لیکن یہ بھی یاد رکھیں کہ آج ہمارے درمیان کچھ نئے احمق بھی موجود ہیں جو اپنی حماقتیں سنانے تشریف لائے ہیں۔

فرہاد: سبحان اللہ! وہ آئیں گھر میں ہمارے خدا کی قدرت ہے۔

پہلوان: آج ہی گھر میں بوریا نہ ہوا — (ہنستا ہے)

بے کیف: بھئی فرہاد صاحب اگر آپ کو شعر سنانے ہوں تو اپنی باری پر سنائیے گا۔ وہ جو کسی نے کہا ہے اب تو خاموشی سے آنے والے مہمانوں کا استقبال کیجئے۔ آپ کو یاد ہو گا کہ پچھلی بار ایک پروفیسر صاحب نے اپنے احمق ہونے کا اعلان کیا تھا — یاد ہے۔؟

مائل: ہمیں یاد نہیں۔ احمقوں کو ہر بات یاد نہیں رہتی۔

(سب ہنستے ہیں)

بے کیف: بالکل ٹھیک کہا آپ نے — خیر اب آپ خاموش ہو جائیں اور سب سے پہلے وہ جو کسی نے کہا ہے صدر محترم کی دل نشیں تقریر سنیئے۔

فرہاد : دل نشیں یا دل آزار تقریر! چلیئے بلوائیے انہیں۔
(شور کم ہوتا ہے)
بے کیف : ہمارے صدر محترم ابھی ابھی سمندر پار کے سفر سے لوٹے ہیں۔ وہ اپنے سفر کے کچھ تاثرات بیان کریں گے۔
[آوازیں: ضرور ضرور — ہم ضرور سنیں گے]
بے کیف: آیئے صدر صاحب۔ تشریف لایئے۔
(تالیاں بجتی ہیں لوگ چلاتے ہیں۔ صدر صاحب زندہ باد)
صدر : یارو! زرا خاموش ہو کر سنو۔ اگر شور مچانا چاہتے ہو تو آہستہ سے مچاؤ۔ اور پھر سنو کہ میں کیا کہہ رہا ہوں۔
(آوازیں اور شور کم)
صدر : بڑی خوشی ہوئی یہ دیکھ کر کہ آپ سب نے سانپ سونگھ لیا ہے۔ کمال ہے، زرا سی بھی آواز نہیں آتی ہے۔ لیکن اتنے خاموش نہ رہیئے — خاموش رہنے والے عقلمند مانے جاتے ہیں اور آپ سب کا شمار ملک کے عظیم احمقوں میں ہوتا ہے۔ آپ احمقوں کی انجمن کے ممبران ہیں — (شور مچتا ہے)
پہلوان : بس جی صدر صاحب — اب ہم چپ نہ رہیں گے۔ آپ بھی چپ نہ رہو اور بولو کیا کہنا ہے۔
صدر : ٹھیک ہے — تو میں یہ فرما رہا تھا کہ میں نے پوری دنیا کا سفر کیا ہے۔
مائل: پھر تو آپ جغرافیہ سے اچھی طرح واقف ہوں گے۔؟
صدر: زیادہ نہیں۔ میں وہاں صرف دو تین دن ٹھہرا۔ اچھا خوبصورت

شہر ہے۔ (لوگ ہنستے ہیں)

فرہاد: جواب نہیں صدر صاحب۔ کیا احمقانہ جواب دیا ہے۔ واہ وا۔

صدر: آپ مجھ سے اور کیا توقع رکھتے ہیں۔ جغرافیہ اور کسے کہتے ہیں۔؟

بدھومل: جناب جغرافیہ اُس کو کہتے ہیں جو پڑھنے والے کا قافیہ تنگ کر دے۔

بے کیف: وہ جو کسی نے کہا ہے۔ انہیں معلوم ہوتا تو ہماری انجمن کے صدر ہی کیوں بنتے ــــ؟

فرہاد: چلیئے کوئی بات نہیں۔ احمقوں کو ہر بات پر ٹوکنا نہیں چاہیئے۔ ہاں صدر صاحب۔ ؟ آگے بڑیئے

صدر: تو یارو ــــ میری پوری بات تو سُنی نہیں تم نے۔ میں یہ کہہ رہا تھا کہ میں نے اپنا سفر سمندری جہاز میں کیا تھا۔

بدھومل: بڑی خوشی کی بات ہے۔ سمندری سفر میں کوئی حادثہ نہیں ہوا کرتا۔

بے کیف: یہ تم کس طرح کہہ سکتے ہو۔ وہ جو کسی نے کہا ہے، سمندری سفر میں حادثہ کیوں نہیں ہو سکتا۔؟

بدھومل: اس لئے نہیں ہو سکتا سیکرٹری صاحب کہ اگر سمندر میں طوفان آجائے اور جہاز غرق ہو جائے تو وہ مسافر ضرور بچ جاتے ہیں جو تیرنا نہیں جانتے۔

بے کیف: کیا مطلب؟ وہ جو کسی نے کہا ہے۔ جو تیرنا نہیں جانتا وہ بھلا کس طرح بچ جائے گا۔؟

بے کیف: (جلدی سے) جی بدھومل۔ دیجئے جواب۔

بدحواس: صدر صاحب۔ کیا آپ تیرنا جانتے ہیں۔؟

صدر: بالکل نہیں۔

بدّھومل : (خوش ہوکر) بس۔ اگر سمندر میں طوفان آجاتا اور جہاز غرق بھی ہو جاتا تو یہ ہرگز نہیں ڈوب سکتے تھے۔

فرہاد : لیکن بھلا کیوں؟ یہ بات تم کیوں نہیں بتلاتے بدّھومل۔

بدّھومل : اس لیے کہ ڈوبتا وہی ہے جو تیرنا جانتا ہے!

(آوازیں۔ شور۔ واہ واہ کیا بات کہی ہے)

صدر صاحب تیرنا نہیں جانتے اس لیے ڈوب بھی نہیں سکتے تھے

(ہنستا ہے۔ شور بڑھتا ہے)

بے کیف : (چیخ کر) خاموش خاموش! ارے بھئی خاموش ہو جاؤ۔ بدّھومل نے بالکل ٹھیک کہا ہے۔ لہٰذا وہ لوگ جو تیرنا جانتے ہیں، کبھی بھولے سے بھی پانی کے اندر نہ جائیں۔ ورنہ وہ جو کسی نے کہا ہے، وہ ڈوب جائیں گے۔

(تالیاں۔ شور و غل)

صدر : خاموش یارو! خاموش۔ اب وہ بات سنو جس کی وجہ سے جہاز کے کپتان نے مجھ سے کہا کہ میں احمق ہوں اور مجھے فوراً احمقوں کی انجمن کا صدر بن جانا چاہیے۔

مائل : سنائیے سنائیے۔ (دوسرے بھی شور مچاتے ہیں)

بے کیف : ایسی کارآمد بات ہم ضرور سنیں گے۔

صدر : ہوا ایسا کہ میں جہاز کے اندر تھا۔ وہاں گرمی لگی تو میں اوپر ڈیک پر آنے لگا۔ وہاں ایک شخص سفید نیکر اور ویسی ہی ٹوپی پہنے کھڑا تھا۔ مجھ کو دیکھ کر کہنے لگا۔

[فلیش بیک]

کپتان: ویٹ پلیز!
صدر: (جھجکتے ہوئے) ویٹ! جی یا دن کلو۔
کپتان: اوہ نو نو — آئی مین پلیز ویٹ۔
صدر: جی بتا تو دیا آپ کو...... یادن کلو۔
کپتان: او یو ایڈیٹ! — تم کدھر جاتا۔؟
صدر: اوپر جارہا ہوں۔
کپتان: نو — آئی مین، تم کہاں جارہے ہو۔؟
صدر: جی — میں واپس جارہا ہوں۔
کپتان: کہاں۔؟
صدر: اپنے گھر۔
کپتان: کدھر ہے تمہارا گھر۔
صدر: میرے شہر میں۔
کپتان: اور تمہارا شہر؟
صدر: میرے دیس میں۔ میرے ملک میں۔
کپتان: ایڈیٹ! تمہارا دیس کدھر ہے؟
صدر: جہاں میرا شہر ہے۔ میرا گھر ہے۔ بال بچے ہیں۔
کپتان: (ناراضی سے) تمہارا بال بچہ لوگ کدھر ہے۔؟
صدر: میرے گھر میں جناب۔
کپتان: (غصے سے) ہم یہی پوچھتا، تمہارا گھر کدھر کو ہے؟
صدر: میرے شہر میں جناب۔
کپتان: (غصہ) تم ایک دم گدھا مانق ہے لگتا لائک — ایک دم احمک ہے۔

تمہیں چاہیئے کہ کسی گدھا اور احمک یونین کا صدر بن جاؤ۔
گو یو اینڈ یدیٹ گو۔

[چیخ اور — شور۔ تالیاں بج رہی ہیں — لوگ
احمق انجمن زندہ باد کے نعرے لگا رہے ہیں۔]

صدر: خاموش خاموش — تو دوستو اور یارو! یہ بات سننے کے بعد میرے لئے یہ ضروری ہو گیا کہ یہاں آؤں اور آپ کی انجمن کا صدر بن جاؤں — آپ دیکھ ہی رہے ہیں کہ اب میں صدر ہوں۔

[تالیاں۔ نعرے۔ شور اور قہقہے]

بے کیف: (چیخ کر) شور آہستہ کیجیئے۔ خاموش ہو جائیے۔ وہ جو کسی نے کہا ہے۔ ابھی آپ صدر محترم کی حماقت انگیز باتیں سُن رہے تھے۔ کوئی شک نہیں کہ اُن کی حماقتیں اِس لائق تھیں، کہ اُنہیں کھینچ کر صدارت کی کرسی تک لے آئیں۔

فرہاد: اب اِنہیں کھینچ کر نیچے اتار دیجئے اور مجھے صدر بنا دیجئے۔

بے کیف: دیکھیئے وہ جو کسی نے کہا ہے .....

فرہاد: یہی کہا ہے کہ مجھے صدر بنا دیجئے۔

بے کیف: (غصّے سے) افوہ! میں تو یہ کہہ رہا تھا کہ وہ جو کسی نے کہا ہے....

فرہاد: میں نے کہا ہے، مجھے صدر بنا دیجئے۔

بے کیف: بخدا میں پاگل ہو جاؤں گا۔ ارے بھئی میں — میرا مطلب ہے کہ وہ جو کسی نے کہا ہے۔

فرہاد: اِس عاجز و گنہ گار، فرہاد نے کہا ہے کہ بنا دیجئے مجھے صدر۔

بے کیف: لاحول ولا قوۃ — اماں میں نے سُن لیا۔ کیوں لگاتار بولے جا رہے ہو۔

وہ جو کسی نے کہا ہے ...

فرہاد: اس کا نام بدّ معوسل ہے یہ بھی یہی کہہ رہا ہے کہ مجھے یعنی فرہاد کو صدر بنا دیجئے۔

بے کیف: (بیزاری پریشانی) ارے بھائی، خاموش بیٹھ جاؤ — کیوں مجھے ستا رہے ہو؟

فرہاد: خاموش کیسے بیٹھ جاؤں۔ کوئی احمق کبھی خاموش بیٹھا ہے جو میں بیٹھوں۔

بے کیف: (عاجزی سے) اچھا کہو جب تمہارا وقت آئے گا تو وہ جو کسی نے کہا ہے تمہیں صدر بنا دیا جائے گا۔ اور کچھ؟

فرہاد: جی ہاں — بات یہ ہے کہ یہ میرے برابر میں ایک نیا ممبر بیٹھا ہوا ہے بجلی میکنک ہے۔ میں چاہتا ہوں کہ پہلے آپ اس کی بپتا سن لیں کہ کیوں اسے ہماری انجمن میں آنا پڑا۔

بے کیف: (خوشی سے) ضرور ضرور — آؤ بھیا — یہاں تخت پر آجاؤ (لوگوں کا شور) کیا نام ہے تمہارا؟

فرہاد: مطلب ہے کہ وہ کسی نے کہا ہے، کیا نام ہے تمہارا بجلی والے بھیا —؟

بے کیف: (جھنجھلا کر) اب تم خاموش رہو۔ مجھے غصّہ مت دلاؤ۔ ہاں بھئی کیا نام ہے تمہارا؟

بُتّن خاں: (قطعی ان پڑھ) بُتّن خاں ہے جی میرا نام۔

بے کیف: تو کہو تم کیا کہنا چاہتے ہو — یعنی تم کون سی خوشگوار ساعت میں وہ جو کسی نے کہا ہے احمق بنے اور یہ بھی بتاؤ کہ کس نے تمہیں

مشورہ دیا کہ ہماری انجمن کے ممبر بن جاؤ۔

پُھتّن : یہ تو میں جانتا نہیں صاحب۔ میں تو بالکل اَن پڑھ اور جاہل آدمی ہوں۔

[آوازیں : یہ جان کر بہت خوشی ہوئی — جواب نہیں تمہارا
اللہ کرے زورِ جہل اور زیادہ]

بے کیف : تو پھر آگے بولو —— وہ جو کسی نے کہا ہے مسٹر.....؟

پُھتّن خاں : جی پُھتّن خاں۔

بے کیف : ہاں ہاں۔ پُھتّن خاں، تم آگے کہو۔ کیا ہوا تھا تمہارے ساتھ۔؟

پُھتّن : اجی صاحب کہنا کیا ہے۔ میں تو بجلی کی موٹریں اور پنکھے ٹھیک کیا کرتا ہوں۔ ایک دن میرے دوکاندار نے مجھ سے کہا میں لال باغ والے اسکول میں چلا جاؤں اور وہاں کے کمروں میں لگے ہوئے پنکھے صاف کردوں۔

مائل : صاف کرنے سے تمہارا مطلب پار کرنے سے تو نہیں ہے۔

پُھتّن : نہیں صاحب۔ میں چور نہیں ہوں۔ مجھے تو پنکھوں کی صفائی اور مرمّت کرنی تھی۔

مائل : ٹھیک ہے۔ پھر بیان جاری رہے۔ تم لال باغ والے اسکول میں چلے گئے۔

بے کیف : تم مت بولو جی۔ اُسے ہی کہنے دو —— ہاں بھئی تو وہ جو کسی نے کہا ہے کہ.....

مائل : (جلدی سے) جی، خاکسار کو مائل نجیب آبادی کہتے ہیں، یہ میں نے کہا تھا کہ بیان جاری رہے۔

بے کیف : (غصہ) کیا بدتمیزی ہے ۔ یعنی تم لوگ سمجھتے کیوں نہیں۔ کیوں بیچ میں لقمہ دے دیتے ہو ؟

فرہاد : اب آپ بھی تو خاموش رہیئے ۔ آپ کیوں لگا تار بولے جارہے ہیں۔ ہاں بھئی پُتن خاں شروع ہو جاؤ پیارے ۔

پُتن : بات یہ ہے جناب کہ میں تو جاہل آدمی ہوں ۔ آپ دیکھ ہی رہے ہیں کہ میری عمر بھی کچھ زیادہ نہیں ہے ۔

بدّھو : دودھ کے دانت بھی ٹوٹے یا نہیں ؟ (ہنستا ہے اور سب ہنستے ہیں) ۔

پُتن : سُنیئے ـــ سُنیئے ۔ میرا مطلب یہ ہے کہ دیکھنے میں میری عمر زیادہ معلوم نہیں ہوتی ۔ جب میں کلاس میں پہنچا تو لڑکوں کے ساتھ اسکول کا لڑکا ہی معلوم ہوتا تھا ۔

بے کیف : ٹھیک ہے ـــ وہ جو کسی نے کہا ہے ـــ آگے کہو ۔

پُتن : تو جناب ہوا ایسا کہ کمرے میں پچاس کے لگ بھگ لڑکے بیٹھے ہوئے شور مچا رہے تھے ۔ میں نے سوچا کہ جب یہ چلے جائیں گے اور کمرہ خالی ہو جائے گا تو بینکچوں کی صفائی کردوں گا ۔ چند جماعتیں میں نے بھی پاس کی ہیں ۔ مجھے بچوں کی باتوں میں مزا آنے لگا اور میں کلاس کے سب سے پچھلے ڈیسک پر بیٹھ گیا ۔ سوچا لاؤ میں بھی کچھ پڑھ جاؤ ۔ اور سیکھ جاؤں ۔

پہلوان : بڈھے طوطے کبھی نہیں پڑھ سکتے ہیں پُتن خاں معلوم ہے ؟

[آوازیں ۔ ہنسی]

بے کیف : خاموش خاموش ـــ پہلوان جی اُس کی پوری ، وہ جو کسی نے کہا ہے حماقت تو سننے دو ـــ ہاں بھئی پُتن خان ؟

پتن: بس جناب میں کلاس میں بیٹھا ہی تھا کہ اچانک دو آدمی اندر آ گئے۔ ایک اکڑ اکڑ کر چل رہا تھا اور دوسرا بھیگی بلی بنا ہوا اس کے پیچھے پیچھے تھا۔ اُن کے اندر آتے ہی لڑکے کھڑے ہو گئے۔ مگر میں بیٹھا ہی رہا۔ اِس پر اُس اکڑ فوں دکھانے والے آدمی نے اپنی گردن اونچی کر کے مجھے دیکھا اور بولا:

[فلیش بیک]

انسپکٹر: (غصّے سے) تم — سب سے پیچھے جو بیٹھے ہو — کھڑے ہو جاؤ۔

پتن: جی — کیا میں؟

انسپکٹر: (غصّے) ہاں ہاں تم — بیوقوف تم اتنا بھی نہیں جانتے کہ جب تمہارے ہیڈ ماسٹر اور انسپکٹر، کلاس میں داخل ہوں تو تمہیں کھڑا ہو جانا چاہیئے۔

پتن: جی میں — میں تو — میں تو جناب . . .

انسپکٹر: (غصّے) بکواس بند کرو۔ اب میں تم سے جنرل نالیج کے سوال پوچھوں گا۔ میں سمجھ گیا ہوں کہ تم جان بوجھ کر پیچھے بیٹھے ہو تاکہ تم سے سوالات نہ پوچھے جائیں۔ کپڑے بھی تم نے میلے کچیلے پہن رکھے ہیں معلوم ہوتا ہے کہ پڑھنے بالکل نہیں اور دن بھر کھیل کے میدان میں لوٹ لگاتے رہتے ہو۔

پتن: جی نہیں جناب — میں تو یہ کہہ رہا تھا کہ . . . .

انسپکٹر: (ڈانٹ کر) بس کوئی بہانا نہیں چلے گا۔ جو میں پوچھتا جاؤں اُس کے جواب دیتے جاؤ۔

پتن: (شرمندہ کر) جی بہت اچھا۔ پوچھیے۔

انسپکٹر: فرض کرو تمہاری ایک جیب میں دس روپے ہیں اور دوسری میں پچاس تو بتاؤ تمہارے پاس کیا ہے۔؟

پُتّن: (معصومیت سے) کسی دوسرے کی پتلون صاحب

انسپکٹر: (غصہ) کیا مطلب؟

پُتّن: میری پتلون میں اتنے روپے کبھی نہیں ہوئے صاحب۔ (کلاس ہنستی ہے)

انسپکٹر: ہوں! مسخرے بھی معلوم ہوتے ہو۔ خیر کوئی بات نہیں۔ اب یہ بتاؤ کہ دیوان غالب کس نے لکھا تھا۔

پُتّن: جی مجھے نہیں معلوم۔

انسپکٹر: (غصہ) دیکھا ہیڈ ماسٹر صاحب! اسے یہ نہیں معلوم کہ دیوانِ غالب کس نے لکھا تھا۔

ہیڈ ماسٹر: (لجاجت سے) سر دیوانگی کی باتیں ہیں۔ اسے کیا معلوم۔ اس نے لکھا ہوتا تو بتا دیتا۔

انسپکٹر: (طنز) شاباش! آپ کا بھی جواب نہیں — نہ جانے یہ اسکول کس طرح چل رہا ہے۔ یعنی آپ کو بھی معلوم نہیں کہ دیوان غالب کس نے لکھا تھا — آپ ہی بتائیے کہ یہ شعر آپ نے کہاں پڑھا ہے۔

کعبے کس منہ سے جاؤ گے غالب
شرم تم کو مگر نہیں آتی۔

بتائیے۔ سوچئے نہیں۔

ہیڈ ماسٹر: (سوچتے ہوئے) میرے خیال میں تو سر یہ اقبال کا شعر ہے اور

میں نے مدرسہ عالیہ میں پڑھا تھا۔

انسپکٹر: (کھنکارتا ہے) خوب خوب! بہت عمدہ — آپ سے بعد میں بات ہوگی۔ پہلے آپ کے اس ہونہار طالب علم سے کچھ اور سوالات ہو جائیں۔ (غصے سے) بتاؤ تم — جہاں زیادہ پانی برستا ہے وہاں کیا چیز زیادہ ہوتی ہے —

(لڑکے ہنستے ہیں)

پُتّن: (سوچ کر) جی چھتریاں! — چھتریاں ہوتی ہیں۔

انسپکٹر: (غصہ) چھتریاں؟ — سوچ کر جواب دو۔

پُتّن: مینڈک صاحب — وہ ٹرّانے والے مینڈک۔

(مینڈک کے ٹرّانے کی آواز نکالتا ہے)

انسپکٹر: (جلدی سے) سُن لیا سُن لیا — بند کرو یہ ٹرّانا اور یہ بتاؤ کہ ندیاں کتنی قسم کی ہوتی ہیں۔؟

پُتّن: جی دو قسم کی۔

انسپکٹر: (نرمی سے) کون کون سی؟

پُتّن: ایک بڑی دوسری چھوٹی۔ (کلاس ہنستی ہے)

انسپکٹر: (طنز) شاباش — واہ وا — کمال ہے، ہیڈ ماسٹر صاحب! بڑا ہونہار لڑکا ہے۔

ہیڈ ماسٹر: (خجالت سے) اب میں کیا کہوں سر!

انسپکٹر: (غصے اور تیزی سے) بتاؤ گیہوں کہاں زیادہ پیدا ہوتا ہے۔؟

پُتّن: جی کھیت میں صاحب۔

انسپکٹر: (طنز) کھیت میں — خوب! میرا خیال تھا کہ جنگل یا ریگستان

میں پیدا ہوتا ہوگا۔ کتنا عمدہ جواب مل رہا ہے جیسے کہ شنکر جی یاغ یاغ ہوا جارہا ہے۔ اچھا، ہمارے ملک سے باہر کے ملکوں کیا چیز زیادہ جاتی ہے۔؟

پُتّن: (سوچتے ہوئے) کیا چیز زیادہ جاتی ہے (خوش ہوکر جلدی سے) ہوائی جہاز — ہوائی جہاز جاتا ہے جناب۔

انسپکٹر: (طنز) واہ — کمال ہے۔

پُتّن: میں اب جاؤں صاحب۔؟

انسپکٹر: (بری طرح ڈانٹ کر) بیٹھے رہو — میں آج تم ہی سے تمام سوال پوچھوں گا — اتنا نالائق لڑکا میں نے آج تک نہیں دیکھا۔

پُتّن: (پریشان) میں کیا کہوں صاحب۔ میں تو خود حیران ہوں۔

انسپکٹر: اچھا بتاؤ، تم کشتش تقل کو جانتے ہو۔؟

پُتّن: (حیرت سے) یہ کون صاحب ہیں جناب — کہاں رہتے ہیں؟۔

(لڑکے ہنستے ہیں)

انسپکٹر: (طنز) واہ — جواب نہیں، کششِ ثقل اب صاحب ہو گئی۔!

پُتّن: معاف کیجئے جناب، مجھے کیا معلوم کہ وہ عورت ہے۔

(لڑکے اور زور سے ہنستے ہیں)

انسپکٹر: کمال ہے۔ کمال ہے، یعنی اب کشش ثقل عورت ہو گئی —۔

(لڑکوں سے ڈانٹ کر) خاموش رہو تم سب خبردار جو ہنسے۔

ہیڈ ماسٹر: (ڈانٹ کر) کلاس خاموش — چُپ!

انسپکٹر: اچھا یہ بتاؤ کہ درخت میں لگا ہوا سیب نیچے زمین پر کیوں گرتا ہے — اوپر کیوں نہیں اڑ جاتا۔؟

پُتّن : سیدھی سی بات ہے صاحب۔ نیچے گرے گا تو ہم اُسے کھا سکتے ہیں، اوپر آسمان میں اُچھلے گا تو کون کھائے گا۔؟

انسپکٹر: شاباش شاباش — جواب نہیں، کیا موتی جھڑ رہے ہیں۔ تمہارے مونہہ سے۔

پُتّن : اب میں کیا کہوں صاحب۔

انسپکٹر: (غصّہ) تم ہی کہو گے اور تم ہی جواب دوگے۔ بتاؤ شاہ جہاں کے بارے میں کیا جانتے ہو۔؟

پُتّن :(خوش ہوکر) اُس کو تو میں جانتا ہوں صاحب۔

انسپکٹر: بتاؤ، بتاؤ۔

پُتّن : وہ میرے ساتھ باغ میں گلّی ڈنڈا کھیلا کرتا تھا۔ میرا بچپن کا دوست تھا شاہ جہاں۔ برابر والے مکان میں رہتا تھا۔

انسپکٹر: (طنز) بس —؟

پُتّن : ایک فلم بھی آئی تھی صاحب، شاہ جہاں۔ اُس میں سہگل نے زوردار کام کیا تھا۔

انسپکٹر: واہ — معلوم ہوتا ہے تم نے آج طے کر رکھا ہے کہ تم اِسی قسم کے جواب دوگے۔ (غصّہ سے ڈانٹ کر) اور میں نے بھی طے کر رکھا ہے کہ سوال پوری کلاس میں صرف تم ہی سے پوچھوں گا۔ اچھا بتاؤ بادشاہ ہمایوں تخت پر کیسے بیٹھا۔؟

پُتّن : (سوچتے ہوئے) بادشاہ ہمایوں۔ (جلدی سے خوش ہوکر) جناب اُس نے پہلے جوتا اُتارا اور پھر اُچھل کر بیٹھ گیا تخت پر۔

انسپکٹر: (غصّہ) ہوں — اور مغلِ اعظم اکبر؟

پُتّن : (سوچتے ہوئے) مغلِ اعظم! ــــ (جلدی سے خوش ہو کر) وہ تو صاحب بہت اچھی فلم تھی۔ پرتھوی راج نے اکبر کا کام کیا تھا۔ (پرتھوی راج کی نقل اتارتے ہوئے) بخدا ہم وہ روزِ بد نہیں دیکھیں گے جب مغلوں کی عظمت سمٹ کر ایک اوباش شہزادے کا کھلونا بن جائے ــــ داروغۂ زنداں! لے جاؤ اِس بدبخت کو اور قید خانے کے اندھیروں میں غرق کردو!

[لڑکے خوشی سے تالیاں بجاتے ہیں۔ واہ واہ کرتے ہیں اور انسپکٹر انہیں ڈانٹتا ہے]

انسپکٹر : خاموش! خاموش! کیا بدتمیزی ہے ــــ شور مت مچاؤ۔ خاموش۔ (شور کم ہو جاتا ہے)

پُتّن : ٹھیک رہا نا جناب۔؟

انسپکٹر : جی ہاں ــــ بالکل ٹھیک رہا۔ جواب نہیں ہے تمہارا۔ تم مجھے زچ کرنے پر تُلے ہوئے ہو اور میں تمہیں۔ چند سوال اور...

پُتّن : (کمزور لہجہ) وہ بھی پوچھ لیجئے۔

انسپکٹر : بتاؤ دنیا گول کیوں ہے ــــ سوچ کر جواب دینا۔

پُتّن : یہ تو بہت آسان ہے جناب۔ وہ گول اِس لئے ہے کہ چوکور نہیں ہے۔

انسپکٹر : (عاجز آکر) تم نے آج غلط جواب دینے کا فیصلہ کر لیا ہے کیا؟ خیر آخری سوال اور بتادو۔

پُتّن : (بیزاری) پوچھئے صاحب۔

انسپکٹر : یہ پنکھا دیکھ رہے ہو نا۔ چھت میں لٹکے ہوئے اِس پنکھے کی ہوا نیچے

کیوں آرہی ہے، اوپر کیوں نہیں جاتی۔؟

پُتن : (خوش ہوکر) یہ تو میرے مطلب کا سوال ہے صاحب۔ بات یہ ہے کہ پنکھے کے بلیڈ تھوڑے مُڑے ہوئے ہوتے ہیں۔ جب ہم بجلی کا بٹن دباتے ہیں تو پنکھا چلتا ہے۔ بلیڈ ہوا کو کاٹتے ہیں اور نیچے کی طرف ہوا کو پھینک دیتے ہیں۔

انسپکٹر : (حیرت سے) تعجّب ہے! تم سے اتنی بڑی غلطی کیسے ہوگئی کہ تم نے بالکل ٹھیک جواب دے دیا۔؟

پُتن : اس لئے صاحب کہ میرا تو کام ہی یہی ہے۔ میں اگر ٹھیک جواب نہ دوں گا تو پھر کون دے گا۔

انسپکٹر : (حیرت) کیا مطلب؟

پُتن : صاحب میرا کام ہی پنکھے ٹھیک کرنا ہے۔ میں تو اسکول کے پنکھے ٹھیک کرنے آیا تھا۔

انسپکٹر : پنکھے ٹھیک کرنے آئے تھے! میں سمجھا نہیں۔

پُتن : میں صاحب پڑھتا تھوڑی ہی ہوں یہاں۔ میں تو سب سے پیچھے بیٹھ گیا تھا کہ آپ لوگ کمرہ خالی کریں تو میں پنکھے اتاروں اور ان میں گریس وغیرہ ڈال کر صفائی کردوں۔

انسپکٹر : (غصے سے) احمق۔ نامعقول۔ تم نے ہم سے پہلے ہی کیوں نہ کہا۔

پُتن : آپ نے صاحب بولنے کا موقع ہی نہ دیا — میں کیا کہتا۔

انسپکٹر : تم بالکل گدھے ہو۔ ایڈیٹ! گٹ آوٹ — چلے جاؤ یہاں سے۔

ہیڈ ماسٹر : میں بھی تو کہوں سر کہ یہ لڑکا اتنے غلط جواب کیسے دے رہا ہے۔ یہ تو باہر کا مستری ہے۔

انسپکٹر: اور آپ نے کون سے صحیح جواب دے دیئے بسنتی لال صاحب!
(پٹن سے) ارے تم ابھی تک کھڑے ہوئے ہو۔
پٹن: جاتا ہوں صاحب — مگر پنکھے۔
انسپکٹر: (غصّہ) چلے جاؤ فوراً — بیوقوف! جا کر کسی گدھوں کی انجمن کے صدر بن جاؤ — گٹ آؤٹ۔!

[چینج اوور]

پٹن: بس تو صاحب میں اِس طرح سیدھا یہاں چلا آیا اور آپ کی اِس انجمن کا ممبر بن گیا۔ (شور۔تالیاں)
بے کیف: خاموش — خاموش! وہ جو کسی نے کہا ہے — خاموش ہو جائیے۔
صدر: بہت اچھی حماقتیں ہیں تمہاری پٹن خاں — لیکن اگر دیکھا جائے تو تم نے انسپکٹر صاحب کے سبھی سوالوں کے ٹھیک ٹھیک جواب دیئے تھے۔
فرہاد: جی ہاں! کوئی شخص بھی یہ ثابت نہیں کر سکتا کہ جواب غلط تھے۔
مائل: ہمارے ملک سے باہر ہوائی جہاز ہی جاتے ہیں۔ اور گیہوں کھیتوں ہی میں پیدا ہوتا ہے — بالکل ٹھیک بات ہے۔
بے کیف: یاد رکھیئے آج کی دُنیا میں وہ جو کسی نے کہا ہے، احمق آدمی ہی سب سے زیادہ عقلمند ہوا کرتا ہے — لہٰذا احمق بنیئے اور احمق بنائیے یہی ہمارا، وہ جو کسی نے کہا ہے، نعرہ ہونا چاہیئے۔
(آوازیں: ٹھیک ہے۔ آپ کہا کیجئے — ہم ایسا ہی کریں گے)
پہلوان: اب کسی اور کو بلاؤ یار سیکریٹری صاحب۔
بے کیف: بالکل بالکل — وہ جو کسی نے کہا ہے کہ آپ کو یہ سُن کر خوشی ہوگی کہ ہماری اِس انجمن کے ممبران ایسے لوگ بھی بننے لگے ہیں جو

کسی زمانے میں بہت قابل تھے اور جنہیں وہ جو کسی نے کہا ہے، پروفیسر کہا جاتا تھا۔

مائل: (چلاّ کر) بولئے —— احمقوں کی انجمن زندہ باد۔

(کئی بار سب زندہ باد کا نعرہ لگاتے ہیں)

بے کیف: یہ ہیں پروفیسر پڑھاکو صاحب —— ہماری انجمن کے نئے ممبر۔ وہ یہاں تشریف لائیں اور وہ جو کسی نے کہا ہے —— یہ بتائیں کہ کیا وجہ تھی اور کیا حالات تھے جن کے باعث وہ ہماری انجمن میں داخل ہوئے —— آئیے پروفیسر صاحب —— تشریف لائیے۔

(شور و غل۔ تالیاں)

پڑھاکو: سمجھائیے —— سمجھائیے —— آپ خاموش ہو جائیں تو میں اپنی بات کہوں۔

بے کیف: خاموش رہیئے اور غور سے سنئے پڑھاکو صاحب کیا کہہ رہے ہیں۔

(شور کم ہوتا ہے)

فرہاد: فرمائیے —— ہم ہمہ تن گوش ہیں۔

پڑھاکو: کوئی خاص بات نہیں ہے۔ لیکن میری کچھ عادتیں ایسی ہیں جو دوسروں کو اچھی نہیں لگیں —— مثلاً میری ایک عادت ہے کہ میں صبح کے وقت سیر کرنے ضرور جاتا تھا۔

پہلوان: یہ تو بُری عادت ہے۔ احمقوں کو ہر وقت سوتے ہی رہنا چاہیئے۔

پڑھاکو: یہ میں بہت پہلے کی عادت بتا رہا ہوں۔ اب تو آپ کی ڈھلسا اپنی دھن میں مست رہا کرتا ہوں، اور عموماً سوتا ہی رہتا ہوں۔

مائل: چلئے بڑی خوشی ہوئی۔ اب آگے فرمائیے۔

پڑھاکو: باغ میں ایک قطار میں سو درخت لگے ہوئے تھے۔ یہ درخت یوکلپٹس کے تھے اور ایک سیدھی قطار میں لگے ہوئے تھے۔ میں صبح کی سیر کے لئے جب نکلتا تھا تو اِن درختوں کو چھڑی سے بجاتے ہوئے چلتا تھا۔

فرہاد: یعنی آپ درختوں پر جل ترنگ بجاتے تھے۔

پڑھاکو: ایسا ہی سمجھ لیجئے۔ میں نمبروار ہر درخت پہ لکڑی بجاکر آگے بڑھتا تھا۔ اور اِس طرح دو میل کا فاصلہ طے کر لیتا تھا۔

مائل: آپ کا مطلب ہے کہ سو نمبر کا درخت دو میل کی دوری پر لگا ہوا تھا۔

پڑھاکو: جی ہاں جی ہاں۔

مائل: تو یہ بات آپ کو پہلے بتانی چاہیئے تھی۔

پڑھاکو: دیکھیئے جناب یہ آپ نے عقلمندوں کی سی باتیں شروع کردیں۔

نائل: اوہ! سوری! آگے فرمایئے۔

پڑھاکو: تو ایک دن، جب میں ننانوے درخت کے پاس آیا تو اچانک مجھے خیال آیا کہ دوسرے نمبر کے درخت کو تو میں چھڑی سے بجانا بھول ہی گیا۔

پہلوان: اچھا — پھر؟

پڑھاکو: میں فوراً واپس پلٹا۔ دوڑتا ہوا دوسرے نمبر کے درخت تک آیا اُسے دوبار چھڑی سے بجایا اور پھر دوڑتا ہوا واپس ننانوے درخت کے پاس آیا — اُسے تین بار بجایا تب آگے بڑھا۔

فرہاد: واہ وا — واہ وا — کیا خوبصورت حماقت ہے۔

(آوازیں، جواب نہیں۔ کمال کر دیا۔ تالیاں)

پڑھاکو: میرے کچھ ساتھی اور شاگرد میری یہ حرکت دیکھ رہے تھے۔ اُس وقت تو وہ چُپ رہے لیکن بعد میں کچھ اور باتیں بھی ہوگئیں۔

بے کیف: وہ جو کسی نے کہا ہے ـــــ وہ بھی سُنائیے۔

پڑھاکو: کیا سناؤں سیکرٹری صاحب ـــــ ایک بات ہو تو کہوں۔ ایک اور واقعہ سنیئے۔

بے کیف: سنائیے سنائیے۔

پڑھاکو: واقعہ تو پرانا ہے اور بہت سے لوگوں کو معلوم ہے۔ لیکن وہ واقعہ پیش میرے ہی ساتھ آیا تھا۔

پہلوان: کون سا واقعہ ہے پروفیسر صاحب۔

پڑھاکو: ہوا ایسا کہ ایک دن میں تھکا ہارا کالج سے گھر آیا۔ اُس دن برسات ہو رہی تھی۔ چھتری میرے ہاتھ میں تھی۔ اپنے کمرے میں داخل ہونے کے بعد میں نے چھتری کو اچھی طرح جھاڑا پونچھا۔ تھکا ہوا بہت زیادہ تھا۔ اِس لئے آپ جانتے ہیں کہ میں نے کیا کیا؟

مائل: (اشتیاق) فرمائیے فرمائیے۔ کیا کیا آپ نے؟

پڑھاکو: میں نے چھتری کو تو آرام سے بستر پر لٹا دیا۔ اور پھر اُسے چادر اوڑھا کر خاموشی سے اُس کونے میں جا کر کھڑا ہوگیا جہاں چھتری کھڑی رہا کرتی تھی۔

(آوازیں۔ واہ واہ کمال ہے، کیا خوب حماقت ہے۔ احمقوں کی انجمن زندہ باد)

بے کیف: واہ پڑھاکو صاحب بخدا وہ جو کسی نے کہا ہے، کتنی اچھی حماقت تھی آپ کی ـــ واہ وا۔

پڑھاکو: میری نوکرانی جب کسی کام سے دو گھنٹے کے بعد کمرے میں آئی، تب اس نے مجھے بتایا کہ میاں نے کیا کیا ہے؟ میں فوراً گھبرا کر بستر پر لیٹ گیا۔ لیکن نوکرانی نے باہر جا کر یہ بات سب کو بتا دی۔

مائل: اور تبھی سے آپ احمق مان لئے گئے۔؟

پڑھاکو: نہیں۔ اُس وقت تو لوگوں نے یہ سمجھا کہ شاید یہ بھی میرا کوئی انداز ہے۔ وہ چپ ہو گئے۔ لیکن بعد میں کچھ باتیں اور رونما ہو گئیں۔

پہلوان: وہ بھی سنا دیجئے پروفیسر صاحب۔

پڑھاکو: ہوا ایسے کہ میری نوکرانی تو باہر گئی ہوئی تھی اور مجھے اُبلا ہوا انڈا کھانا تھا۔ مجھے ناشتہ وہی دیا کرتی تھی۔ مجھے فکر ہوئی کہ جب وہ نہیں ہے تو پھر میں کس طرح انڈا ابالوں گا۔

فرہاد: پھر آپ نے کیا کیا۔؟

پڑھاکو: میں نے (COOKING) کی کتاب نکالی اور سوچا کہ لاؤ انڈا خود ہی اُبالوں ـــ بہت آسان سا کام ہے۔

مائل: آسان ہے یا مشکل ـــ آپ کو یہ کیسے معلوم ہوگا کہ انڈا آدھا اُبلا ہے یا پورا۔؟

پڑھاکو: میں نے اس کا انتظام کر لیا۔ کتاب میں سے دیکھ کر میں نے پانی گرم کیا۔ جب وہ خوب گرم ہو گیا تو میں نے اپنی گھڑی ہاتھ میں لے لی تاکہ اُس میں وقت دیکھ کر انڈا اُبالوں ـــ آپ جانتے ہیں کہ میں نے کیا کیا ـــ؟

پہلوان: سنائیے سنائیے — کیا کارنامہ انجام دیا۔؟

پڑھاکو: میں نے گھڑی تو اُبلتے ہوئے پانی میں ڈال دی اور انڈا ہاتھ میں لئے کھڑا رہا اور اُسے دیکھتا رہا۔

مائل: واہ واہ کیا شاندار کارنامہ ہے — کتنا عظیم اور احمقانہ کارنامہ۔ (شور غل۔ تالیاں)

فرہاد: جناب عالی، ہماری انجمن کا صدر تو آپ کو ہونا چاہیئے۔

صدر: (غصہ) اگر یہ صدر بن گئے تو پھر میں کس مرض کی دوا رہوں گا۔ میں اِس انجمن کا صدر ہوں۔

بے کیف: دیکھیئے بحث مت کیجیئے۔ وہ جو کسی نے کہا ہے — لڑنا لڑانا عقلمندوں کا کام ہے۔ احمق لڑا نہیں کرتے۔ بیٹھ جایئے بیٹھ جایئے۔

پڑھاکو: یہ بات آپ نے بالکل ٹھیک کہی بے کیف صاحب۔ لڑائی ہمیشہ احمق ہی شروع کیا کرتے ہیں۔

بے کیف: بھائیو اب صرف ایک بڑی بی رہ گئی ہیں جو اپنی بپتا سُنانا چاہتی ہیں۔ اُن کا کہنا ہے کہ وہ احمق نہیں ہیں لیکن اُنکا لڑکا یہی کہتا ہے۔

فرہاد: اگر یہ احمق نہیں، تو یہاں کیوں آئی ہیں — جائیں عقلمندوں کے درمیان۔

بے کیف: نہیں نہیں یہ بات نہیں۔ وہ جو کسی نے کہا ہے کہ یہ تو ہماری انجمن سے یہ فیصلہ کرانے آئی ہیں کہ درحقیقت وہ احمق ہیں! اگر ہم نے اُن کو بنا دیا کہ وہ احمق ہیں تو وہ خدا کا شکر ادا کریں گی۔ کیونکہ آج کی دنیا میں صرف احمق ہی خوش رہ سکتے ہیں۔

فرہاد: واہ واہ — خوب — بالکل سچ کہا آپ نے۔

بے کیف: اِس کے علاوہ میں آپ کو یہ بھی بتا دینا چاہتا ہوں کہ ہماری انجمن میں جو چندہ جمع ہوا ہے وہ ہزاروں تک پہنچتا ہے۔ یہ رقم وہ جو کسی نے کہا ہے۔ آج اُس شخص کو دی جائے گی۔ جس کی حماقت سب سے اچھی رہے گی۔

[شور و غل — واہ — خوب — مزا آگیا جیسی آوازیں]

بے کیف: خاموش خاموش — (غُل کم ہوتا ہے)۔ ہاں تو بڑی بی۔ یہاں آکر وہ بات بتایئے جس کی وجہ سے آپ کا لڑکا آپ کو اِس شاندار خطاب سے نواز رہا ہے۔ آیئے آیئے۔

بڑی بی: بھیا کیا بتاؤں۔ میری سمجھ میں تو نہیں آتا کہ اِس میں کون سی انوکھی بات تھی — لیکن لڑکا یہی کہتا ہے — بات یہ ہے بھیا کہ وہ دوسرے شہر میں کالج میں پڑھتا ہے۔

مائل: ہائیں — پڑھتا ہے — یہ تو بہت بُری بات ہے۔ خیر آگے کہیئے۔

بڑی بی: بھیا کیا کہوں — اُس نے مجھ کو لکھا تھا کہ چار کُرتے اور پاجامے سِی کر اُسے بذریعہ پارسل بھیج دوں۔ اُس نے تاکید کی تھی کہ پارسل چھوٹا ہونا چاہیئے اور اُس کا وزن بھی زیادہ نہ ہونا چاہیئے۔

بڑھاکو: ٹھیک ہے ٹھیک ہے — پھر بتایئے کیا ہوا۔؟

بڑی بی: اے ہونا کیا تھا بھیّا — میں نے پارسل بنا کر بھیج دیا اور اِس میں ایک خط بھی رکھ دیا تھا۔ لڑکے نے وہ خط مجھے بعد میں واپس کر دیا تھا۔ میں اپنے ساتھ لائی ہوں۔ لو بھیّا سیکریٹری ذرا تم پڑھ کر سُنا دو۔ میں اپنی عینک بھول آئی ہوں۔

فرہاد: بے پڑھے لکھے لوگ یہی بہانا کیا کرتے ہیں۔

(ہنستا ہے اور سب ہنستے ہیں!)

بے کیف : خاموش خاموش ــــ وہ جو کسی نے کہا ہے اب ذرا غور سے سُنئیے
میں خط پڑھ رہا ہوں۔

مائل : ارشاد ارشاد!

بے کیف : لکھا ہے ۔ میرے پیارے چھوندر! تمہیں کالج گئے ہوئے بہت دن
ہو گئے۔ نہ جانے تم کب آؤ گے ۔ بیٹا، میں نے تمہارے کرتے سی دیئے ہیں۔
کُرتوں کا وزن زیادہ نہ ہو جائے۔ اِس لیئے میں نے بٹن نکال دیئے ہیں۔

پہلوان : کیا کئی من وزنی بٹن تھے۔؟

بے کیف : آگے لکھا ہے ــــ میں تمہیں یہ پارسل بھیج رہی ہوں۔ وصولی کی اطلاع
دینا ــــ نوٹ، بٹن میں نے اُوپر والے کرتے کی جیب میں رکھ دیئے
ہیں ــــ فقط تمہاری ماں۔

بڑی بی : بس بھیّا یہی میری کہانی ہے۔ لڑکا کہتا ہے کہ تم نے بٹن نکال بھی دیئے
اور چھپا کر بھی رکھ دیئے۔ وزن کہاں کم ہوا۔؟ اب یہی بات میری
سمجھ میں نہیں آتی۔ میرے خیال میں تو وزن ضرور کم ہوا ہوگا۔
تم لوگوں کا کیا خیال ہے۔؟

فرہاد : آپ ٹھیک کہتی ہیں امّاں ــــ وزن ضرور کم ہوا ہوگا۔

بے کیف : تو صاحبان۔ ــــ وہ جو کسی نے کہا ہے یہ تھے ہمارے نئے ممبران جن
سے آپ نے اُن کی شاندار حماقتیں اُن کی ہی زبانی سُنیں ــــ
حماقتیں سب کی شاندار تھیں۔ اب فیصلہ یہ کرنا ہے کہ پندرہ ہزار
روپے کا انعام کِسے دیا جائے۔

[آوازیں : مجھے دو مجھے ! میری حماقت بہترین ہے / مجھ سے بڑا کوئی

احمق نہیں / شور غل]

صدر: خاموش خاموش ـــ دیکھئے حضرات! چوں کہ میں انجمن کا صدر ہوں. لہذا انعام مجھے ہی ملنا چاہیئے.

فرہاد: میں بہت پرانا احمق ہوں. انعام مجھے دیجئے مجھے.

بدتھوحل: میں بدّھوحل ہوں. میرے نام سے ہی ظاہر ہے کہ میں بدّھو ہوں. لہذا انعام مجھے ملنا چاہیئے.

مائل: تمہاری طرح میں بھی شاعر ہوں بے کیف صاحب. شاعر دُنیا کی سب سے زیادہ مظلوم قوم ہوتی ہے. پندرہ ہزار روپے مجھے دے دو.

پڑھاکو: کمال ہے. آپ لوگ اپنی ہی ہانکے جارہے ہیں ـــ کیا میں آپ کو پڑھا لکھا جاہل دکھائی نہیں دیتا ـــــــ وہ رقم مجھے دو جی.

پہلوان: میں پہلوان ہوں جی پہلوان. میرے سوا کسی کو روپے ملے تو ہڈی پسلی ایک کردوں گا. ہاں.

بے کیف: دیکھئے ناراض مت ہوئیے. میں نے آپ کو کچھ نہیں سُنایا وہ جو کسی نے کہا ہے. یہ میری سب سے بڑی حماقت ہے. میں مانتا ہوں کہ آپ حضرات کی حماقتیں شاندار ہیں. لیکن اِس لائق نہیں کہ انعام اُن کو ملے. میں سمجھتا ہوں کہ میں صورت سے ہی احمق نظر آتا ہوں. لہذا وہ جو کسی نے کہا ہے پندرہ ہزار کی رقم میں خود کو ہی پیش کرتا ہوں ـــــ گر قبول افتد زہے عز و شرف!

سب مل کر: ایسا نہیں ہو سکتا. یہ چار سو بیس ہے ـــ یہ احمق نہیں عقل مند ہے ـــ اِس نے چالاکی سے رقم اینٹھ لی ہے.

یہ ہماری انجمن میں ہمیں لوٹنے آیا تھا ـــــ پکڑ لو ـــ پکڑ لو۔
جانے نہ پائے ـــــ دیکھو وہ کود کر جا رہا ہے کھڑکی میں سے۔
پولیس کو بلاؤ ـــــ پولیس پولیس! ـــ پکڑو پکڑو ـــــ
مارو سب مل کر ـــــ یہ ہمیں احمق بنا گیا یارو ـــ دوڑو ـــ
دوڑو اس کے پیچھے ـــ خبردار! بچ کے نہ جانے پائے۔

[آوازیں مدھم ہوتی جاتی ہیں۔ ساز بجتا ہے]